D1671443

As 10 lições
do maior
construtor de
marcas

O estilo

RICHARD BRANSON

de gerir

Caro leitor,

Queremos saber sua opinião sobre nossos livros. Após sua leitura, acesse nosso site (www.editoragente.com.br), cadastre-se e contribua com sugestões, críticas e elogios.

Boa leitura!

DES DEARLOVE

Prefácio de Washington Olivetto,
W/Publicidade

As 10 lições
do maior
construtor de
marcas

O estilo

RICHARD BRANSON

de gerir

Gente
editora

TRADUTOR: PAULO CEZAR CASTANHEIRA

Diretor-Geral
Henrique José Branco Brazão Farinha

Gerente Editorial
Eduardo Viegas Meirelles Villela

Editor-Assistente
Cláudia Elissa Rondelli

Editor de Desenvolvimento de Texto
Juliana Nogueira Luiz

Editor de Produção Editorial
Rosângela de Araujo Pinheiro Barbosa

Controle de Produção
Elaine Cristina Ferreira de Lima

Tradução
Paulo Cezar Castanheira

Preparação
Adriane Gozzo

Revisão
Adriana Parra

Projeto Gráfico e Editoração
ERJ Composição Editorial

Capa
Júlio Moreira

Foto de Capa
© Hekimian Julien/Corbis Sygma/LatinStock

Impressão
Sermograf

Título original: Business the Richard Branson Way
Copyright © 1999, 2002 e 2007 by
Des Dearlove
Copyright para a língua portuguesa © 2009 by
Editora Gente
Todos os direitos reservados. Tradução autorizada da edição de língua inglesa publicada por Capstone Publishing Limited. A responsabilidade pela qualidade da tradução cabe unicamente à Editora Gente, estando a Capstone Publishing Limited isenta de qualquer responsabilidade. Nenhuma parte deste livro pode ser reproduzida, em nenhum formato, sem a permissão escrita da detentora do copyright original, Capstone Publishing Limited.
Todos os direitos desta edição são reservados à Editora Gente.
Rua Pedro Soares de Almeida, 114
São Paulo, SP — CEP 05029-030
Telefone: (11) 3670-2500
Site: http://www.editoragente.com.br
E-mail: gente@editoragente.com.br

Dados Internacionais de Catalogação na Publicação (CIP)
(Câmara Brasileira do Livro, SP, Brasil)

Dearlove, Des
    O estilo Richard Branson de gerir : as 10 lições do maior construtor de marcas / Des Dearlove ; tradutor Paulo Cezar Castanheira ; preparação de textos Adriane Gozzo. — São Paulo : Editora Gente, 2009.

Título original: Business the Richard Branson way.
ISBN 978-85-7312-563-4

    1. Branson, Richard   2. Grupo Virgin — História   3. Homens de negócios — Biografia   4. Linhas aereas — História   5. Produtos de marca   6. Sucesso em negócios — Estudos de casos I. Título.

09-08195   CDD-658

Índices para catálogo sistemático:
1. Líderes empresariais : Administração de empresas
658

AGRADECIMENTOS

Quero pensar que este livro oferece uma análise justa do porquê de Richard Branson ter sido tão bem-sucedido ao longo de tantos anos. Ao final, se você o vir como um cavaleiro com barba, ou simplesmente como um capitalista com pelo no rosto, será impossível fugir da conclusão de que ele é alguém notável. Durante três décadas, Branson ofuscou o cenário empresarial britânico, com uma mistura única de substância e estilo. No mínimo, trouxe cor e diversão à vida sem graça de jornalistas empresariais em todo o mundo. Richard, por tudo isso, meus mais profundos agradecimentos.

Em minhas pesquisas para este livro, saqueei uma arca de tesouro carregada de artigos e de várias excelentes biografias. Gostaria de agradecer, em particular, a Mick Brown e Tim Jackson, cujos livros foram uma inspiração; a Alan Mitchell, da Amrop International; e a um elenco de milhares de pessoas que entrevistaram e analisaram Branson ao longo dos anos.

Gostaria também de agradecer: a Steve Coomber, por sua pesquisa e ideias; a Mark Allin, Richard Burton e Catherine Meyrick, da Capstone Publishing, por me darem a oportunidade de escrever o livro; e a John Moseley, da Wiley, por toda a ajuda. Finalmente, gostaria de agradecer a Stuart Crainer, por um dia esplêndido no rio, muitos anos atrás.

Des Dearlove, *novembro de 2006*

SUMÁRIO

Desafiar gente grande é quase um ato de fé para a
Virgin, mas também tem papel importante no sucesso
de Branson.

Com seu estilo informal e atitude não conformista,
Richard Branson já foi chamado de "capitalista *hippie*".

Uma das habilidades menos conhecidas
de Richard Branson é a técnica afiada da negociação.

Criar uma cultura de trabalho excitante é a melhor
maneira de motivar e reter bons colaboradores — e de
lhes pagar menos.

PREFÁCIO À EDIÇÃO BRASILEIRA

Não faça você mesmo.

Na segunda quinzena de abril de 2009, um empresário mundialmente conhecido se deixou fotografar em sua ilha particular no Caribe praticando kite surf com a namorada na garupa.

Um empresário mundialmente conhecido ter uma ilha e uma namorada, praticar kite surf com ela na garupa e permitir ser fotografado não é propriamente um fato escandaloso numa sociedade como a nossa, que hoje cultua a evasão de privacidade.

Mas, se a ilha se chamar Necker Island, o fotógrafo atender pelo nome de Stephane Gautronneau e a namorada for a modelo Denni Parkinson (inteiramente nua tanto na garupa quanto nas fotos), a história começa a ficar um pouco mais interessante.

Começa a ficar até mesmo um pouco mais excitante, mas nada surpreendente quando se sabe o nome do proprietário da ilha, do kite surf, da namorada e, bem possivelmente, até do fotógrafo.

Seu nome é Richard Branson. O mesmo Richard Branson que, em 1996, apareceu vestido de noiva barbuda para o lançamento da primeira loja da Virgin Brides, em Londres.

E que, quarenta anos atrás, em 1969, catorze anos antes do surgimento da internet, inventou uma precursora da Amazon.com vendendo e entregando discos pelo correio e iniciando, assim, o seu império.

Richard Branson — para constrangimento biográfico dos seus professores, que, na sua adolescência, o reprovaram em matemática básica três vezes consecutivas —, já na juventude, aos 24 anos de idade, se transformou num bilionário.

E, para vergonha de alguns profissionais de marketing, que, muitas vezes, depositam nas pesquisas as responsabilidades de suas decisões, garantindo, assim, os seus empregos, ele sempre foi um convicto praticante do marketing intuitivo.

Branson conseguiu ficar tão famoso quanto os ídolos da sua gravadora, como os Sex Pistols, Phil Collins e Mike Oldfield, e ganhou sozinho mais dinheiro do que todos eles juntos.

Revolucionou a aviação comercial, desafiou gigantes, como a Coca-Cola, reinventou o transporte ferroviário, imaginou criar um milionário por dia com a loteria londrina, bateu o recorde da travessia mais rápida do Atlântico pelo mar, fez várias tentativas de circum-navegar o globo terrestre num balão de ar quente, foi o primeiro empresário a apostar na Brawn como a nova sensação da Fórmula 1 e, hoje, entre os seus muitos negócios, projetos e lazeres, ele se dedica particularmente a desenvolver a Virgin Galactic, especializada em viagens de turismo para o espaço sideral, e a investir bilhões de dólares no combate ao aquecimento global.

Tudo debaixo e à custa da marca Virgin, brilhantemente construída e pilotada por ele.

Neste livro, o autor Des Dearlove conta, do alto de sua intimidade com o personagem, os 10 segredos ou recomendações de Branson para quem pretende ser um grande construtor e mantenedor de marcas.

Branson recomenda que você provoque sempre alguém maior que você, apesar de ele certamente exercitar essa prática por, na verdade, não achar que exista alguém maior do que ele.

Recomenda que, no mundo dos negócios, você aja como *hippie* e agite como *hippie*. Branson tem consciência de que, num sistema que, muitas vezes, finge não ser mais sistema, a melhor maneira de obter sucesso é se infiltrar nele.

Recomenda que você barganhe e negocie à exaustão. Segundo as boas línguas, perto de Branson negociando, os árabes e os judeus das piadas sobre usura e dinheiro ficam parecendo seguidores de São Francisco de Assis.

Recomenda que você faça do seu trabalho uma diversão. Branson sabe que é melhor trabalhar sob tesão do que sob tensão.

Recomenda que você cuide bem da sua marca, coisa que vale tanto para pessoas físicas quanto jurídicas, e elas podem se misturar perfeitamente. Steve Jobs e a Apple, Anita Roddick e a Body Shop, Ben Cohen e Jerry Greenfield e a Ben & Jerry's e o próprio Branson e a Virgin são bons exemplos disso.

Recomenda que você se relacione bem com a mídia, sorria para as câmeras e se transforme em fonte dos jornalistas no dia a dia, para poder reivindicar ser notícia quando isso lhe interessar — e só quando isso lhe interessar.

Recomenda que você extraia o melhor de cada indivíduo — até porque o pior eles vão lhe oferecer de qualquer jeito.

Recomenda que você aja sempre rápido, consciente de que, muitas vezes, errar rápido pode ser melhor do que acertar devagar.

Recomenda que você pense grande, mas trate qualquer negócio como se fosse pequeno, iniciante e anti-heroico.

Recomenda que você jamais perca o seu toque pessoal e nunca tente deixar de ser você mesmo para tentar ser outra pessoa, por mais atrativo que isso possa parecer.

Recomenda tudo isso e muito mais. E eu, que me permiti aqui acrescentar algumas observações sobre as ideias e recomendações de Branson, recomendo a você que leia tudo com atenção, aprenda e divirta-se, mas não tente fazer isso na sua própria casa ou empresa.

A menos que você seja um Richard Branson. E tenha uma mulher ou namorada com disposição e condições físicas e estéticas para ser fotografada nua na garupa — seja de um kite surf, de uma moto ou até mesmo de um jegue.

Washington Olivetto
Publicitário, escritor, fundador e
presidente da W/Publicidade.

REENCONTRO COM RICHARD BRANSON...

Desde a última revisão deste livro, muita coisa aconteceu no império empresarial de Richard Branson. Nem tudo ocorreu como ele queria. Apesar de um de seus mais recentes empreendimentos, a Virgin Galactic, tê-lo levado às estrelas, vários outros se mostraram menos meteóricos. Ainda assim, apesar de Branson ter sofrido sua cota de derrotas, estas são comparativamente poucas para alguém que vem gerindo um império de bilhões de dólares ao longo de trinta e poucos anos. O fato de essas derrotas fazerem parte do portfólio corporativo da Virgin serve apenas para realçar o sucesso retumbante da companhia. E, sempre otimista, Branson continua a ter ideias, a apoiar as empresas Virgin e a intensificar os investimentos em mídia para seus diversos negócios.

Não faz muito tempo, alguns comentaristas sugeriram que Branson talvez tivesse perdido seu toque de Midas. Na verdade, prematuramente. Em 1999, ano que se seguiu à publicação da primeira edição deste livro, Branson entrou para a lista da *Forbes* das Pessoas Mais Ricas do Mundo, com uma fortuna estimada em 2,6 bilhões de dólares.

Em 2000, essa soma havia subido para 3,3 bilhões de dólares. Contudo, em 2001, a mesma soma caíra para cerca de 1,8 bilhão de dólares. Parte da razão dessa redução simplesmente fugia ao controle de Branson: uma recessão econômica global.

No entanto, a segunda razão foi o fato de a marca Virgin não ter se mostrado tão elástica, como haviam sugerido vários comentaristas. Apesar de Branson, em grande estilo, como parte do assalto ao mercado norte-americano de refrigerantes, ter vestido fardas militares e entrado em Times Square com um tanque de guerra para lançar a Virgin Cola nos Estados Unidos, o negócio foi quase um fracasso. Em fevereiro de 2000, a Virgin admitiu a derrota contra a Coca-Cola e a Pepsi-Cola no país. A nova versão de cola tinha perdido o gás sem deixar marca no mercado de refrigerantes. A Virgin mudou a estratégia, a administração e a localização do negócio de bebidas não alcoólicas, concentrando-se nas bebidas *new age*, incluindo sucos de frutas e energéticos.

Branson estava muito atraente em um vestido de noiva (menos a barba), agitando um frenesi de marketing para o lançamento da Virgin Brides, em 1996, quando a companhia abriu a primeira loja em Londres. Não vendia apenas os vestidos e acessórios usuais, mas oferecia também um serviço de planejamento de casamentos, que se estendia à organização de todo o evento, se necessário. Seguiu-se uma loja em Manchester, em 2001. Contudo, a lua de mel durou pouco. A loja de Londres foi fechada em 2003, e a de Manchester passou a se concentrar nos vestidos e acessórios, e não mais no planejamento.

Em anos recentes, talvez o maior desafio de Branson tenha sido a Virgin Trains, que há muito tempo vem encontrando problemas e desde então luta para se reerguer. Por vezes as franquias da Virgin Trains se afundaram em níveis inéditos de baixa qualidade de serviço — algo impressionante no Reino Unido, onde os trens são famosos pela ineficiência.

É tentador sentir pena de Branson. As franquias se transformaram em algo semelhante a um cálice envenenado. A certa altura, independentemente do que Branson fizesse ou dissesse, nada parecia deter a publicidade ruim associada aos atrasos nas operações da Virgin.

Em 1999, a Virgin Trains registrou o pior índice de pontualidade do país, de acordo com os números da obscura Autoridade Ferroviária Estratégica. Em fevereiro de 2001, uma tentativa de aumentar o número de viajantes da Virgin por intermédio da redução à metade do preço das passagens gerou problemas por causa da subestimativa da demanda. Branson prometeu "hipnotizar os viajantes que já haviam sofrido em congestionamentos". Infelizmente, a realidade mostrou um congestionamento de pessoas — com filas enormes e longas esperas por passagens, seja comprando por telefone ou pessoalmente. O caos que se seguiu e a publicidade adversa destruíram uma oferta genuína e generosa.

A saga da Virgin Trains foi, sem dúvida, muito difícil para a Virgin. Por vezes a empresa parecia ser a antítese de tudo em que Richard Branson acredita. Ciente de que a manutenção da confiança do público no nome Virgin era a garantia do sucesso de todo o grupo, Branson sempre fez de tudo para proteger a imagem da marca. O desempenho sofrível da Virgin Trains ameaçou solapar essa confiança. Em sua defesa, é preciso dizer que a Virgin Trains herdou um equipamento com trinta anos de uso, utilizando uma via cuja carência de financiamento já datava de muitos anos. Quando assumiu o desafio de operar a franquia ferroviária, Branson reconheceu que seriam necessários cinco anos para transformar as linhas de as piores para as melhores do país. Ele tinha razão.

A boa notícia é que, em 2005 e 2006, os índices de pontualidade já apresentavam uma melhora significativa sobre os índices de 2002, quando, de acordo com os números da Autoridade Ferroviária Estratégica, apenas 73,6% dos trens da Costa Oeste e 62,5% daqueles que cruzavam o país chegavam com menos de dez minutos de atraso em relação ao horário esperado. A entrega dos trens Pendolino, que viajam a velocidades de até 220 quilômetros por hora, e a substituição do equipamento desatualizado fizeram uma grande diferença. Em abril de 2006, os índices de pontualidade já eram de 92% para os trens Pendolino da Costa Oeste e de 93% para os serviços Voyager que cruzam o país.

No entanto, em outras áreas do império Virgin, os negócios corriam como de costume. Novos negócios são acrescidos à eclética coleção de companhias reunidas sob a marca Virgin em rapidíssima sucessão. Entre estas constam: Virgin Cars, Virgin Wines, Virgin Student, Virgin Energy, Virgin Bikes e Virgin Digital.

Ao mesmo tempo em que o portfólio da Virgin aumenta, várias companhias Virgin se expandem rapidamente. A Virgin Active tornou-se o maior grupo dedicado à saúde e forma física do mundo, levantando 100 milhões de libras para seu plano de expansão na Grã-Bretanha e no exterior. Em setembro de 2006, a companhia comprou a Holmes Place, seu maior concorrente no Reino Unido. Em Manchester, a Virgin Cars sacudiu o negócio de venda de automóveis ao abrir a primeira loja de departamentos exclusivamente de veículos.

Contudo, nos últimos anos, o negócio que atraiu mais destaque na imprensa foi a Virgin Galactic. Para qualquer um que sonhou ser astronauta quando criança, e para os viajantes espaciais que surgem por toda parte, Branson se prepara para lançar o primeiro serviço de passageiros no espaço suborbital. Por mais ou menos 200 mil dólares, passageiros poderão planar acima da Terra e desfrutar as delícias da gravidade zero, ainda que por pouco tempo.

E para aqueles que carecem dos recursos necessários, mas ainda sonham com uma viagem espacial, existe a opção dos bônus de milhas. Serão necessários recursos polpudos: talvez 2 milhões de dólares, mais ou menos. Foi o que Alan Watts conseguiu arrancar da Virgin no Reino Unido, quando recebeu a oferta de *upgrade* para um voo espacial em 2009. E aceitou.

Com a Virgin Galactic, o céu não é o limite. Branson não tem intenção de se manter na oferta de voos curtos no espaço suborbital. O plano é estender o serviço a rotas sub-orbitais ponto a ponto, por todo o planeta, bem como a viagens orbitais e, finalmente, à lua.

Tal como várias companhias, Branson também adquiriu um ativo mais que incomum em 2003, quando comprou a ilha Makepeace, em Queensland, na Austrália. Em geral, as empresas se contentam com uma cantina, com um dia comemorativo, mas Branson agora oferece uma ilha para as férias dos funcionários da Virgin.

Richard Branson vem levantando dinheiro vendendo participação em vários negócios. A participação de 51% na Virgin.net foi vendida para a empresa de comunicação a cabo NTL. A mesma companhia também comprou a Virgin Mobile em 2006, dando ao mesmo tempo a Branson uma participação significativa nela mesma. Na Austrália houve o sucesso do lançamento inicial das ações da Virgin Blue.

Não resta dúvida de que o dinheiro vai ser útil no financiamento de um de seus desafios mais recentes, mais difíceis e talvez um dos mais importantes até hoje. Em 2006, Branson aderiu abertamente ao debate sobre as mudanças climáticas. Conhecido por não fazer nada pela metade, Branson demonstrou seu compromisso com o enfrentamento do problema do superaquecimento global, prometendo investir 3 bilhões de dólares no desenvolvimento de biocombustíveis, valor este retirado ao longo de dez anos dos lucros das empresas de viagem da Virgin.

No final de 2006, Branson já havia feito investimentos substanciais no ramo de biocombustíveis, entre eles um de mais de 50 milhões de dólares em uma usina de etanol na Califórnia, bem como manifestando interesse pela Ethanol Grain Processors, uma companhia produtora de etanol a partir de grãos.

Atacando o problema da mudança climática e buscando fontes alternativas de energia com o mesmo vigor e entusiasmo que dedica ao seu império empresarial, Branson escreveu aos colegas da indústria de transportes, de empresas aéreas e fabricantes de motores em busca de apoio para um fórum entre indústrias dedicado a encontrar soluções inovadoras para o problema do superaquecimento no mundo. Na carta, ele pedia mais agilidade no estudo das questões específicas relacionadas ao impacto da indústria aeronáutica nas emissões de dióxido de carbono.

Sempre otimista, Branson sugeriu que um esforço coletivo poderia reduzir as emissões de dióxido de carbono da indústria aeronáutica — responsável por 2% das emissões globais de CO_2 — em até um quarto. Não lhe faltavam ideias sobre como isso poderia ser conseguido. Uma sugestão foi estabelecer uma nova grade de partida para decolagens e aterrissagens. Em vez de "sentar-se em aviões que despejam CO_2 durante algo entre 60 e 90 minutos...", como ele explicou a situação atual aos ouvintes do programa *Today*, da BBC Radio 4, os aviões desligariam as turbinas pouco antes da decolagem e pouco depois da aterrissagem, sendo taxiados por "um rebocador pequeno".

Esse novo sistema, sugeriu Branson, poderia reduzir as emissões de carbono em até 50% em Heathrow e em até 90% no aeroporto John F. Kennedy, em Nova York. Além disso, os residentes nas proximidades desfrutariam um ar muito mais limpo, bem como níveis mais baixos de ruído. Quando se trata da questão de reduzir as emissões de gases do efeito estufa, alguém tem de tomar a iniciativa — talvez essa pessoa seja Branson.

Não é a primeira vez que Richard Branson se envolve em questões que dizem respeito ao bem público. Durante algum tempo, tentou administrar a loteria nacional do Reino Unido. Derrotado na licitação de 1996, voltou à carga quando houve nova licitação em 2001. Branson prometeu criar "um milionário por dia", propondo novos jogos e aumentando a participação. Em uma proposta crucial, a Loteria do Povo, segundo ele, renderia mais recursos beneficentes que os oferecidos pelo atual operador, Camelot. Infelizmente, após outro fracasso na licitação, em meio a batalhas legais, em que propostas foram retiradas e reapresentadas, um furioso Branson jurou nunca mais entrar em outra licitação.

Branson continua a viajar na montanha-russa que é a Virgin. Uma de suas habilidades mais notáveis é a capacidade de absorver os golpes e compensar o difícil com o fácil. Branson tem alto poder de reerguimento.

"Sempre que sofro algum revés", observa, "me levanto e tento novamente. Eu me preparo para outra tentativa com o conhecimento adquirido do fracasso anterior. Minha mãe me ensinou a nunca olhar para trás lamentando, mas partir para outra. O tempo que as pessoas perdem com os fracassos, em vez de dedicarem aquela energia a outro projeto, sempre me impressionou. Uma derrota nunca é uma experiência ruim; é apenas uma curva de aprendizagem."

Mais um fato merece menção: em 30 de março de 2000, o senhor Richard Branson tornou-se *sir* Richard Branson. Feito cavaleiro na Lista de Honras do Ano-Novo por serviços prestados ao empreendedorismo, Branson, que geralmente se veste com simplicidade, vestiu um traje a rigor pela primeira vez na cerimônia de investidura no Palácio de Buckingham. Apesar dos acenos da respeitabilidade, até agora ele não se rendeu à tentação de se juntar ao *establishment*. Com elã típico, Branson comemorou a investidura com uma recepção aos outros 250 agraciados. Quando lhe perguntaram como se sentia sendo *sir* Richard, Branson respondeu: "É ótimo. Mas é estranho dormir com uma lady".

A VIDA E A ÉPOCA DE RICHARD BRANSON

No moderno mundo empresarial, Richard Branson é uma anomalia. Em uma era dominada por estrategistas, ele é um oportunista. Por intermédio de sua companhia, o grupo Virgin, Branson criou um fenômeno empresarial único. Jamais uma única marca havia sido utilizada com tanto sucesso em uma gama tão grande de produtos e serviços. O inconfundível logotipo vermelho e branco é tão elástico quanto as camisinhas Mates — apenas mais um dos muitos produtos que o grupo Virgin promoveu.[1]

O FENÔMENO BRANSON

No filme *Quatro casamentos e um funeral*, um personagem brinca que um amigo deve ser o homem mais rico da

---

[1] Curiosamente, os executivos da Virgin se recusaram a permitir que Branson usasse a marca nos preservativos, temendo controvérsias.

Grã-Bretanha, e o amigo responde: "Claro que não. Tem a rainha. E aquele cara, Branson, está ganhando muito dinheiro".

Empreendedor mais conhecido da Inglaterra, Branson vem "ganhando muito dinheiro" há mais de três décadas. Aos 16 anos iniciou o primeiro negócio e já era milionário aos 24. Atualmente com 50 e poucos anos, Branson é um nome que aparece com frequência na lista dos homens mais ricos do mundo da revista *Forbes*.

Sua fortuna pessoal foi estimada em mais de 3 bilhões de dólares, mas é difícil fazer uma avaliação precisa, pois suas companhias são fechadas, dividem-se e multiplicam-se o tempo todo e são controladas por uma série de empresas em paraísos fiscais — todas perfeitamente legais e insuspeitas, mas difíceis de entender.

Hoje Branson é a força motriz no centro de uma teia de mais de duzentas companhias, que empregam mais de 30 mil pessoas em todo o mundo. Seus interesses comerciais incluem viagens, hotéis, bens de consumo, jogos de computador, música e linhas aéreas. É possível até comprar um plano Virgin de pensão ou investimento.

Todavia, serviços financeiros estão muito longe da marca de discos adolescentes que ajudou a colocar o *punk* no mapa, nos anos 1980, com um controvertido álbum dos Sex Pistols. Tudo no disco sugeria rebelião, incluindo a interpretação de *God save the queen* — contudo, o disco foi a plataforma de lançamento de Branson.

Já naquela época, a marca Virgin tinha ganhado o respeito da geração *hippie* com *Tubular bells*, de um jovem artista desconhecido chamado Mike Oldfield. *Never mind the bollocks* foi o produto perfeito para estabelecer o selo Virgin perante uma nova geração de adolescentes de cabelos espetados. Branson criara uma nova fusão de rebelião e negócios — e descobrira uma nova proposta única de marca. Desde então, vem repetindo a fórmula.

Ainda assim, Richard Branson é muito mais que um simples homem de negócios. É uma figura pública popular — igualmente admirado por pais e jovens. Um elemento de uma geração de líderes empresariais que cresceu nos anos 1960, ele já foi descrito como um "capitalista *hippie*". A isso Branson acrescentou a reputação de aventureiro — estabelecendo o novo recorde de cruzamento do Atlântico e quase perdendo a vida na tentativa de circum-navegar o globo em um balão de ar quente.

Sua coragem fora do mundo dos negócios é igualada pela ousadia de suas atitudes dentro dele. Inúmeras vezes Branson usou a marca Virgin para acossar líderes agressivos de mercado e sacudir os mercados complacentes — primeiro as grandes gravadoras, depois as linhas aéreas e, mais recentemente, o setor de bebidas não alcoólicas e serviços financeiros. Essas aventuras comerciais já quase levaram a companhia à falência em várias ocasiões. Conquistaram para Branson um lugar especial no coração do público britânico e do mundo.

No entanto, sua imagem popular nega o outro lado de Branson.[2] Apesar da riqueza, ele continua incansável nas ambições comerciais. Às vezes parece lançar novos negócios

---

[2] JACKSON, Tim. *Richard Branson Virgin King: nos bastidores do império dos negócios de Branson*. 2. ed. São Paulo: Negócio Editora, 1997.

> **"Um *workaholic* impiedosamente ambicioso."**

quase todos os dias. "Um *workaholic* impiedosamente ambicioso", disse um biógrafo a respeito dele.

Branson afirma que o grupo Virgin teve início em uma cabine telefônica, com menos capital do que aquele gasto em uma boa noitada em um restaurante. Anedota e mito o cercam. Ainda assim, Branson, o empresário e edificador de marcas, permanece oculto em uma nuvem de fumaça de marketing.

A MARCA UNIVERSAL

Até hoje, a maior realização comercial de Branson foi criar o que talvez seja a primeira marca universal. Outros nomes famosos tornaram-se sinônimos do produto que adornam: Coca-Cola e Levi Strauss, para citar alguns. Mas somente a Virgin transcende os produtos.

Ainda assim, apesar do sucesso notável, Richard Branson quer nos fazer acreditar que nada disso foi planejado. Ele passa a impressão de que o fenômeno Virgin é uma dessas coisas estranhas que às vezes acontecem com as pessoas. Isso faz parte da aura de misticismo que o cerca. Ele faz tudo parecer tão simples.

"Quando propusemos o nome 'Virgin', em vez da marca 'Hérnia de Disco', para a companhia gravadora no inverno de 1969, eu tinha uma vaga ideia de um nome atraente que poderia ser usado em muitos outros produtos destinados ao público jovem."[3]

---

[3]   BRANSON, Richard, "Money programme" (palestra). *BBC*, 1998.

"Teria sido interessante acompanhar o sucesso das companhias Virgin se tivéssemos adotado o nome 'Hérnia de Disco' para a gravadora. Discos ou preservativos Hérnia de Disco não teriam funcionado tão bem."

A piada é típica de um homem que viveu toda a vida como uma grande aventura. Crítico franco das escolas de negócios e das teorias administrativas, Branson gosta de se retratar como um homem do povo (apesar de suas origens de classe média). Ele é o cara pequeno que vence na esperteza os grandes. Seu relato de como a marca Virgin surgiu é característico da forma como as coisas parecem acontecer na companhia.

"Quando o selo Virgin Records começou a fazer sucesso, seguimos nosso instinto [...] A princípio a música refletia a era *hippie*, e o logotipo de uma mulher nua também refletia essa época. Então veio o *punk* e sentimos necessidade de uma imagem mais forte [...] Em vez de gastar uma fortuna para criar a nova imagem, um dia eu estava conversando com nosso designer gráfico, explicando o que queríamos, e ele jogou o esboço no chão — a assinatura hoje famosa —, o qual, felizmente, apanhei a caminho da privada."

Parece tão informal, mas as palavras escondem uma extraordinária mente corporativa que reinventou os negócios para se adaptar aos tempos modernos.

ESTRELA DO ROCK CORPORATIVO

Mas Branson é mais que apenas um homem de negócios bem-sucedido. Pertence a uma nova geração de empreendedores cujo *status* de celebridade e abordagem irreverente indicam que tem mais em comum com as estrelas do rock do que com os "ternos" que povoam o mundo corporativo.

Ao lado de Anita Roddick, dos famosos sorvetes Ben & Jerry, de Bill Gates e Ted Turner, Branson tornou-se um ícone cultural. Parte de uma nova geração de líderes corporativos, sua filosofia empresarial alternativa é elemento vital do apelo da marca Virgin.

Branson busca deliberadamente novos mercados em que os clientes são mal servidos ou explorados com frequência, e a concorrência é complacente. Ele se delicia em ver a Virgin como o cachorro magro e rápido que morde os calcanhares das grandes empresas. Ninguém representa melhor o Davi contra o Golias das "Grandes Empresas" do que Richard Branson. Trata-se de uma estratégia de marketing que atrai milhões.

Onde quer que apareça, o logotipo Virgin atrai até mesmo os clientes *antiestablishment*. O próprio Branson — com cabelos longos, sorriso cheio de dentes e comportamento insolente — é tão famoso quanto a companhia. É mais conhecido que muitas estrelas de rock que ajudou a criar. (Nos termos de uma escola de negócios, Branson responde pessoalmente por uma fatia importante do capital intelectual da companhia.)

> Ninguém representa melhor o Davi contra o Golias das "Grandes Empresas" do que Richard Branson.

Gostando ou não dele, Richard Branson é um dos homens de negócios mais bem-sucedidos do planeta. Contudo, sua influência e popularidade se estendem muito além do mundo empresarial. Entre os magnatas corporativos, ele se destaca como aventureiro e empreendedor de sucesso. As entradas de Branson nos livros de recordes incluem a travessia mais rápida do Atlântico por mar no Virgin Atlantic Challenger e várias tentativas de circum-navegar o globo em um balão de ar quente.

Ao longo de sua trajetória, Branson também conseguiu que o público inglês gostasse dele de uma forma como nenhum outro empreendedor conseguiu. Lutou para fazer da loteria londrina uma empresa sem fins lucrativos, cujas receitas seriam destinadas a causas nobres; comandou uma campanha ambiental do governo; e lançou as camisinhas Mates para aumentar a consciência sobre a aids. Seu rosto aparece nas primeiras páginas da imprensa do Reino Unido e na televisão com quase tanta frequência quanto a Família Real.

Ainda assim, apesar de ser um bilionário, dono da própria ilha no Caribe, Branson reteve o toque comum. Ao contrário de outras celebridades, conseguiu proteger a própria privacidade. Só o vemos quando ele quer ser visto. E é tão capaz de evitar a publicidade ruim quanto de criar uma cobertura positiva.

Branson ainda conseguiu cobrir com um véu as operações internas de seu império financeiro. Em 1986, lançou a companhia Virgin na Bolsa de Londres, mas decidiu recomprá-la por não apreciar as restrições impostas pelo mercado acionário. (O colapso da bolsa em 1987 arrasou milhões de libras do valor da companhia, confirmando sua desconfiança nas comunidades de investimentos de Wall Street e da City de Londres, instigando-o a recuperar o controle.)

Retirar as ações da bolsa lhe permitiu proteger suas operações mais discretas do olhar do público. Permitiu-lhe criar um império empresarial muito diferente da norma. Em vez do modelo tradicional de um punhado de companhias operacionais que respondem a uma holding, a Virgin é um império atomizado — uma miríade de companhias reunidas na marca Virgin, muitas delas associações com investidores externos: uma rede que parece ter muito pouco em comum, a não ser o nome. Apenas Richard Branson e alguns de seus altos executivos têm uma visão geral. A maioria deles é praticamente desconhecida do público. Mas o fundador e presidente do grupo é parte integral da marca Virgin.

Aqui também existe um paradoxo. O Branson público é instantaneamente reconhecível para milhões de pessoas. É o rosto afável e amigável dos negócios. O homem que fez carreira investindo contra as grandes empresas e ganhando; o homem que prefere suéteres coloridos ao terno e gravata convencionais dos negócios. No entanto, o Branson privado é muito menos conhecido.

De fato, já se disse que há dois Richard Branson: o defensor do povo, conhecido por milhões, e o negociador que só é conhecido pelos parceiros de negócios.

De acordo com Tim Jackson, autor de *Richard Branson Virgin King*, a biografia não oficial, o lema de Branson deveria ser *ars est celare artem* — a arte está em esconder a arte. Essa é a essência do estilo gerencial de Branson e a pedra fundamental do império Virgin.

OS PRIMEIROS ANOS

Richard Charles Nicholas Branson veio ao mundo no dia 18 de julho de 1950. Quando nasceu, o pai, Edward Branson, e a mãe, Eve Branson, haviam se estabelecido na pacata vila de Shamley Green, no cinturão de corretores do Surrey. Como Ted Branson se formara advogado havia pouco tempo e o dinheiro era curto, a família se instalou em uma casa ampla e dilapidada, alugada por 12 xelins por semana.

A educação formal de Branson foi convencional e se iniciou na Escola Preparatória Scaitcliffe. O jovem Branson não demonstrava grandes interesses acadêmicos e quase não conseguiu entrar na escola pública de Stowe mesmo após um período de aulas de reforço.

Embora ele gostasse de esportes, os pontos mais delicados da educação clássica britânica se perderam para Branson, mas tal experiência foi valiosa para sua futura carreira. Tradicional no sentido literal da palavra, a escola ofereceu a educação perfeita para o jovem bem falante que iria construir um império empresarial que bateria de frente com o sistema.

Nesses primeiros anos, alguns traços da psicologia de Branson já eram evidentes.

Como observou um comentarista: "Por pouco o jovem de cara limpa havia conseguido entrar em uma escola pública comum após um reforço especial para os exames. Em seguida foi reprovado três vezes em Matemática Elementar. Ainda assim, não tinha dúvidas de que seria capaz de administrar melhor a escola do que as autoridades que o faziam. Por isso, relacionou suas sugestões em um memorando para o diretor. Entre elas: permitir aos alunos da sexta série beber 1 litro de cerveja por dia".

Mas Branson não chegou a completar a sexta série. Abandonou a escola aos 16 anos, com a cabeça cheia de ideias e esquemas de negócio geniais, para se dedicar a qualquer outra coisa. Nessa época, o diretor observou que Branson seria milionário ou presidiário. O resto, como dizem, é história (embora, nesse caso, ele quase tenha chegado aos dois).

Um quarto de século mais tarde, Branson é conhecido em todo o mundo. O exuberante bucaneiro dos negócios que desdenhou as ideias prontas da indústria aeronáutica e aumentou o volume de grandes selos de discos, que sacudiu os gigantes da indústria de refrigerantes e deu uma corrida nas grandes empresas financeiras do Reino Unido; o aventureiro que quebrou o recorde de velocidade na travessia do Atlântico; o baloeiro ousado. Acima de tudo, Branson é conhecido como o Davi que atacou o Golias na forma da British Airways, com truques sujos e tudo o mais — e venceu. No entanto, poderia ter sido muito diferente.

MAGNATA EM FORMAÇÃO

O primeiro empreendimento de Branson começou na escola. Com Nick Powell, amigo de infância e parceiro comercial, o jovem Branson afiou os dentes em um negócio de criação de papagaios, depois em outro de plantação de árvores de Natal. Os dois empreendimentos fracassaram.

Seu primeiro negócio de verdade foi uma revista chamada *Student*, lançada quando tinha 16 anos — e que não foi um sucesso estrondoso. Então, alguma coisa aconteceu (e continuou a acontecer desde então). Com pouco ou nenhum conhecimento de música pop, Branson se viu diante da ideia de criar uma empresa de venda de discos pelo correio. Com falta de anunciantes, publicou o próprio anúncio em sua revista.

Corria o ano de 1969, e Londres estava pronta para a música pelo correio. Disso o jovem empresário ficou sabendo quando os cheques começaram a chegar à sua casa. O negócio decolou. Richard Branson estava nas nuvens.

Branson também desempenhou bem seu papel quando passou das vendas pelo correio para uma loja de discos — uma greve postal travou seu negócio, forçando-o a buscar novos pontos de venda. Sua primeira loja de discos foi aberta na Oxford Street, em 1971.

Um problema inicial com a Receita Federal ensinou a Branson o bom senso de ficar do lado certo da lei — e o valor de bons conselheiros legais e fiscais, algo que ele preserva desde então. O jovem empreendedor descobriu uma brecha no sistema tributário. Discos destinados à exportação não pagavam imposto, porém a alfândega nem sempre verificava os álbuns que estavam sendo exportados. Era tentador demais enviar discos velhos e sem valor e depois vender no Reino Unido os últimos lançamentos sem pagar imposto. Quando a sonegação foi descoberta, Branson foi preso e ameaçado de processo — ameaça que só foi retirada quando ele concordou em pagar o que devia.

Das lojas de discos, Branson passou à produção de discos, lançando um selo de grande sucesso. Um dos primeiros artistas contratados foi Mike Oldfield, cujo álbum *Tubular bells* permaneceu nas listas dos mais vendidos do Reino Unido durante os dez anos seguintes. Os lucros de *Tubular bells* financiaram o império Virgin.

Nos anos 1980, o selo Virgin passou a ser sinônimo de uma corte de jovens músicos e ajudou a colocar o *punk* no mapa com um grupo chamado Sex Pistols. Em 1982, descobriu Boy George e Culture Club. O dinheiro gerado pelo selo Virgin permitiu a Branson começar a construir, de verdade, seu império.

Em 1984, o grupo Virgin estava literalmente voando. Branson havia migrado da música pop para os voos transatlânticos com a Virgin Atlantic Airways. No ano seguinte, o grupo Virgin, com exceção da linha aérea, que Branson reteve, foi lançado na Bolsa de Londres. Mas a queda de 1987, além de sua desconfiança na comunidade financeira, o convenceu a dar o passo extraordinário de retornar a companhia à condição de empresa de capital fechado.

O resto, como se diz, é história. Hoje o império Virgin inclui viagens aéreas, pacotes de férias, roupas, lojas de discos, bebidas não alcoólicas, rádio... a lista não tem fim. Todavia, como foi que Branson se livrou da feroz concorrência no Reino Unido e nos Estados Unidos e criou a marca mais famosa do mundo? E quais são as lições para os empreendedores de amanhã?

ESTRATÉGIA DE NEGÓCIOS

Provavelmente Branson nunca ouviu falar das cinco forças de Michael Porter — apesar de o professor da Harvard

Business School ter sido leitura obrigatória dos estudantes das escolas de negócios durante mais de vinte anos. Se ele tivesse ouvido, saberia que o ramo de viagens aéreas, o segmento de refrigerantes e os mercados financeiros do Reino Unido — para não alongar a lista das áreas em que ele fundou companhias do grupo Virgin — são exemplos clássicos de extrema competitividade ou de altas barreiras e deviam ser evitados, e isso nos teria privado de um dos mais pitorescos e dinâmicos impérios empresariais que o mundo já viu. (Quando lhe perguntam como alguém fica milionário, Branson responde que você começa bilionário e funda uma companhia aérea.)

Em contrapartida, a reação de Branson quando lhe dizem que algo é impossível é encará-lo como um desafio. Com toda a certeza a análise de Porter o teria motivado. É exatamente por não ler os livros de administração que Branson é tão bem-sucedido. (Muitas das técnicas que ele introduziu na década de 1960 são hoje consideradas panaceias da administração do século XXI.)

COMPETÊNCIAS FUNDAMENTAIS

Em uma referência pouco característica à teoria da administração, em particular às ideias de Gary Hamel e C. K. Prahalad, nos anos recentes Branson destilou as quatro competências fundamentais do grupo Virgin:

- A capacidade de identificar oportunidades adequadas de crescimento.
- A capacidade de se mover rapidamente.

> Quando lhe perguntam como alguém fica milionário, Branson responde que você começa bilionário e funda uma companhia aérea.

- A disposição de dar à gestão do dia a dia o controle sobre pequenas equipes operacionais. "Tentamos manter as nossas empresas pequenas", diz ele. (Apesar de a empresa aérea ter hoje 6 mil funcionários, Branson gosta de pensar que ela "mantém a informalidade e o ambiente de uma companhia pequena".)

- A capacidade de criar e administrar com terceiros sociedades eficazes.

Muitos já sugeriram que a competência inata do próprio Branson é a capacidade de motivar pessoas e forçá-las até o limite. Outros apontam para sua incansável, às vezes impiedosa, habilidade de negociador.

No entanto, uma análise cuidadosa revela que a verdade é mais sutil. O fenômeno Branson pode ser reduzido a um conjunto de lições que afiam a capacidade empresarial de qualquer administrador ou empreendedor. Mas isso não quer dizer que a fórmula pode ser replicada. A análise mostra que é preciso um indivíduo muito especial para administrar um negócio à moda Branson. A pergunta é: você tem capacidade de ser um Richard Branson?

O mundo de Branson

Uma breve história do grupo Virgin:

1950   Nasce Richard Charles Nicholas Branson, primeiro filho de Edward Branson, advogado, e Eve Branson, ex-dançarina e comissária de bordo.

1964 Admitido na Escola Stowe, em Buckinghamshire.

1966 Branson funda a revista *Student* com um colega da escola.

1967 Branson abandona a escola após ser reprovado e se muda para Londres, para se concentrar na revista.

1968 26 de janeiro, primeira edição da *Student Magazine*. Instalada a primeira empresa de Branson. É fundado o Centro de Aconselhamento ao Estudante, sem fins lucrativos.

1969 Branson faz uso de uma ordem judicial para forçar os Beatles a oferecer um disco para a capa da *Student*. Primeiro anúncio da empresa de venda de discos pelo correio é publicado na última edição da *Student*.

1970 Início da empresa de comércio pelo correio. Branson é multado em 7 libras por usar as palavras "doença venérea" em material de publicidade para o Centro de Aconselhamento ao Estudante.

1971 Greve dos correios. É aberta a primeira loja Virgin Records na Oxford Street, em Londres. Simon Draper, primo sul-africano de Branson, se junta à Virgin. Acusado pelas autoridades tributárias do Reino Unido, Branson é preso por fraude do imposto sobre consumo. Concorda em pagar

53 mil libras em impostos e taxas alfandegárias ao longo dos três anos seguintes. A acusação é arquivada.

1972 Primeiro estúdio de gravação Virgin é inaugurado em "The Manor", perto de Oxford, na Inglaterra. Mike Oldfield começa a gravar *Tubular bells*. Branson se casa com Kristen Tomassi.

1973 Lançado o selo Virgin Records com *Tubular bells*, que se torna um dos discos mais vendidos da década. É fundada no Reino Unido a empresa de publicação de música.

1975 Branson tenta contratar os Rolling Stones e o grupo 10CC, sem sucesso.

1976 Os Sex Pistols causam furor quando usam palavras ofensivas em um programa de TV do início da noite. O apresentador, Bill Grundy, é demitido.

1977 A Virgin contrata os Sex Pistols depois que a EMI e a A&M decidem que eles são muito controvertidos.

1978 The Venue, o primeiro *night club* Virgin, é inaugurado. Human League é contratado pelo selo Virgin.

1980 A Virgin Records entra no mercado estrangeiro: primeiro por meio de licenciamento, depois com as próprias subsidiárias na França e, mais tarde, em outros países.

1981 Phil Collins assina contrato com a Virgin.

1982 Um caçador de talentos da Virgin descobre Boy George. O Culture Club é contratado pela Virgin para direitos mundiais.

1983 A Virgin Vision (precursora da Virgin Communications) é fundada para distribuir filmes e vídeos. É fundada a Vanson Developments, companhia imobiliária do grupo Virgin. A Virgin Games (publicadora de jogos de computador) é lançada. O lucro bruto do grupo Virgin sobe para 2 milhões de libras sobre um faturamento abaixo de 50 milhões de libras.

1984 Lançamento da Virgin Atlantic Airways e da Virgin Cargo. Aquisição de participação em um hotel de luxo em Deya, Mallorca, precursor das operações hoteleiras no Reino Unido e no Caribe. Don Cruickshank é contratado como novo diretor de operações do grupo. Trevor Abbott é contratado como diretor financeiro. A Virgin Vision lança "The Music Channel", uma estação musical com transmissão via satélite 24 horas por dia, e produz o premiado filme *1984*.

1985 Colocação, por intermédio de instituições inglesas e escocesas, de 7% das ações conversíveis no valor de 25 milhões de libras no processo de abertura da companhia. Branson transfere o grosso das ações do grupo para paraísos fiscais.

A Virgin ganha o prêmio de Empresas de Negócios como empresa do ano. A Virgin Holidays é fundada. Branson participa da tentativa fracassada de travessia do oceano Atlântico com o Challenger.

1986 O grupo Virgin, formado pelas divisões de música, de varejo e imobiliária e de comunicações, é lançado na Bolsa de Londres. (A empresa aérea, os clubes, as colônias de férias e os serviços de aviação permanecem como parte de uma empresa fechada chamada Voyager Group.) Branson quebra o recorde de velocidade no Atlântico, no Challenger II, ganhando enorme publicidade.

1987 Lançada a Virgin Records America, seguida pela subsidiária japonesa, BSB. A Virgin funda uma instalação de pós-produção em Los Angeles para produzir vídeos pop de alta qualidade para comerciais. Queda do mercado de ações — as ações do grupo Virgin caem abaixo de 90 pontos porcentuais. Branson é forçado a abandonar a tentativa de tomada hostil da EMI. Lançadas as camisinhas Mates, cujos lucros são destinados à Healthcare Foundation, fundação destinada a ações de assistência à saúde. Os diretores do grupo vetam o uso da marca nas camisinhas. As ações do grupo passam a ser negociadas na bolsa eletrônica norte-americana Nasdaq.

1988 Branson anuncia a recompra das ações do grupo pela sua administração logo após o colapso de outubro de 1987. Branson e outros diretores compram as ações de outros acionistas com um empréstimo de 182,5 milhões de libras.

1989 A Virgin Atlantic Airways anuncia que o lucro bruto dobrou, atingindo 10 milhões de libras.

Cruickshank renuncia ao cargo de diretor administrativo e é substituído por Abbott. Branson se casa mais uma vez, agora com Joan Templeman.

1990 Branson e Per Lindstrand voam sobre o Pacífico em um balão de ar quente. Eclode a Guerra do Golfo durante o voo, provocando uma recessão no setor aéreo. A Virgin Atlantic envia um 747 ao Iraque para buscar reféns britânicos. O grupo de varejo Virgin e o Marui (grupo japonês de varejo) anunciam uma sociedade meio a meio para operar *megastores* no Japão.

1991 Fundada a Virgin Publishing, uma fusão de WH Allen, Allison & Busby e Virgin Books.
A Virgin inaugura serviços a partir de Heathrow. Vende 50% do negócio de *megastores* para WHSmith. Branson decide vender o Virgin Music Group — "a joia da coroa".

1992 Venda do Virgin Music Group para a Thorn EMI por 1 bilhão de dólares, devendo Richard Branson permanecer como presidente executivo do grupo. As empresas de pós-produção são reorganizadas como Virgin Television. Fundada a Vintage Airtours para operar um serviço diário entre Orlando e Florida Keys, oferecendo voos nostálgicos em velhos DC-3. Branson ameaça entrar com uma ação por difamação contra a British Airways por tratar suas acusações de "truques sujos" como mera forma de publicidade.

1993 A British Airways concorda em pagar 610 milhões de libras por danos morais, mais o total
dos custos legais (que se acredita excederem
4,5 milhões de libras). A Virgin Atlantic é elei-
ta pelo terceiro ano consecutivo a Linha Aérea
do Ano pela revista *Executive Travel*. Lançada a
Virgin Radio, 1215 AM.

1994 Branson participa da licitação da franquia da
loteria londrina, prometendo doar todos os lucros a uma instituição de caridade. A licitação é
vencida pelo consórcio concorrente Camelot.
A Virgin Atlantic propõe ação antitruste no valor de 325 milhões de dólares contra a British
Airways em um tribunal norte-americano. A
família Branson escapa por pouco da morte em
um acidente na Rodovia M40.
Lançada a Virgin Cola com grande fanfarra.

1995 Fundada a Virgin Direct Personal Financial
Service. O grupo Virgin e o TGP Partners, um
importante fundo de investimentos norte-americano, anunciam a aquisição do MGM Cinemas.
O Australian Mutual Provincial (AMP) compra
uma participação de 50% da Virgin Direct, subs-
tituindo a Norwich Union, o parceiro original.

1996 A Virgin Bride, a maior loja de varejo para noivas da Europa, é lançada em Londres. A Virgin
entra no mercado da internet com a Virgin.net.
O Virgin Rail Group ganha a concessão para

operar os serviços InterCity Express, ligando 130 estações em toda a Inglaterra.

1997   A Virgin ganha a licitação para operar o serviço de trens InterCity West Coast, com uma concessão de 15 anos. A Virgin Vie, uma nova empresa de cosméticos, lança quatro lojas na Inglaterra. A Virgin Direct lança seu primeiro produto bancário, a Virgin One Account. A Ginger Productions, de Chris Evans, compra a Virgin Radio por 85 milhões de libras. A companhia, rebatizada como Ginger Media Group, continuará a ser administrada pelo pessoal existente sob o nome Virgin Radio.

1998   A Virgin Trading compra a participação da Cott Europe na Virgin Cola e passa ter o controle total sobre vendas, marketing, logística e distribuição.

1999   Branson é feito cavaleiro na Lista de Honras do Ano-Novo. Vende 49% da Virgin Atlantic para a Singapore Airlines. A Virgin Mobile é fundada.

2000   Branson perde em uma segunda tentativa de obter a concessão de operação da loteria londrina, depois que um processo de seleção marcado por controvérsias dá a concessão à detentora atual, Camelot. A Virgin Clothing, no Reino Unido, é fechada. É lançada a Virgin Cars.

2001   Branson vende a participação na corretora Virgin One para o Royal Bank da Escócia. A Virgin Trains lança a "maior promoção ferroviária do mundo". Corta quase 50% do valor de todas as passagens de trem. A promoção é mais problemática do que a Virgin esperava.

2002   É lançado o cartão de crédito Virgin.

2003   A Virgin Shops se funde à Virgin Megastores. A Virgin Cars abre a primeira loja de departamentos de automóveis em Manchester.

2004   *Para o alto e avante.* A Virgin lança a Virgin Galactic — viagens de turismo no espaço. A Virgin Atlantic comemora o vigésimo aniversário.

2006   O Virgin Atlantic Globalflyer, pilotado por Steve Fossett, quebra o recorde do voo mais longo da história. Branson anuncia investimentos de 3 bilhões de dólares para enfrentar o aquecimento global.

UM

PROVOQUE ALGUÉM MAIOR QUE VOCÊ

"Na Virgin, temos a estratégia de usar a credibilidade da nossa marca para desafiar os participantes dominantes em uma gama de indústrias nas quais acreditamos que o cliente não esteja sendo valorizado pelo dinheiro."

— Richard Branson

Richard Branson fez carreira como o Davi desafiando o Golias do adversário. Nas duas últimas décadas, a Virgin cruzou espadas com algumas das companhias mais poderosas do planeta. Na década de 1970, a marca Virgin enfrentou o *establishment* da música, incluindo a EMI. Quando fundou a Virgin Atlantic Airways, na década de 1980, Branson desafiou as grandes linhas aéreas, batendo de frente com a British Airways. Na década de 1990, a Virgin entrou no negócio de bebidas não alcoólicas com um refrigerante à base de cola — o que a colocou em competição direta com os gigantes Coca-Cola e Pepsi. Em serviços financeiros, a Virgin Direct compete com bancos e outras instituições de grande porte.

Onde outros empreendedores poderiam examinar a dominação do mercado por grandes empresas e pensar melhor, Branson tem prazer em desafiar e superar corporações de porte. Quando lançou a Virgin Cola, um jornalista observou: "Tenho a impressão de que sua motivação real não era o dinheiro, mas a perspectiva de enfrentar a poderosa Coca-Cola".[1]

---

[1] Patrick Hoskings, matéria escrita no *Independent*.

Branson diz: "A Virgin tem senso de desafio. Gostamos de usar a marca para desafiar algumas companhias muito grandes, que, a nosso ver, exercem poder excessivo. Há casos em que uma marca passou a ser sinônimo tradicional do produto que vende — Coca-Cola, Kellogg's, Hoover, por exemplo —, com propaganda pesada para manter as coisas como estão. De fato, muitas marcas norte-americanas desse tipo cresceram durante a chamada era dos barões assaltantes, que levou à aprovação da excelente legislação antitruste do início do século XX".

Ricardo coração de leão

Branson tem a notável capacidade de "vestir" praticamente tudo o que faz sob o manto de um cavaleiro, o que dá autoridade moral à marca Virgin. Quando comparado às "grandes empresas" mais poderosas, o capitalismo à moda Branson parece quase santo. Ao desafiar companhias com posições dominantes e geralmente agressivas de mercado, a Virgin é capaz, desde o início, de tomar o terreno moral, algo que lhe dá clara vantagem perante os consumidores.

Onde outros edificadores de impérios se envolvem em brigas comerciais, Branson busca as cruzadas — tendo a Virgin ao lado dos anjos. A estratégia baseia-se na credibilidade da marca e na confiança do público de que o presidente da Virgin sempre "fará o que é certo". (Inacreditavelmente, para um homem de negócios, Branson estava entre os poucos escolhidos pela juventude britânica como alguém em quem se podia confiar ser capaz de "reescrever os Dez Mandamentos".)

Em muitos dos mercados em que a Virgin entrou, os consumidores sentiam que não eram tratados com justiça, mas não dispunham de outra opção entre as grandes marcas. Apenas aceitavam o fato de que não eram bem servidos. A Virgin oferece uma alternativa. Como observou um executivo da empresa: "Quando se desafiam marcas líderes grandes, gordas e preguiçosas, geralmente é fácil oferecer mais valor em troca de dinheiro".

Além do mais, isso permite que ele esteja sempre ao lado do consumidor, que vai acabar lhe agradecendo.

> "Quando se desafiam marcas líderes grandes, gordas e preguiçosas, geralmente é fácil oferecer mais valor em troca de dinheiro."

O maior dom de Branson como empreendedor e homem de negócios é a preocupação com o ponto de vista do consumidor. Por exemplo, quando Branson entrou no ramo da música, na década de 1970, os jovens de cabelos longos — depois de cabelos espetados —, o público para quem ele vendia, detestavam a música careta do *establishment*, pois acreditavam que ela estava, na verdade, sendo roubada dos fãs e artistas. Os jovens viam Branson como um cavaleiro em defesa da cultura alternativa.

Quando lançou a Virgin Direct, a empresa de serviços financeiros, Branson disse que ia sacudir o mercado. Era um "negócio sujo" que precisava de uma boa limpeza.

"O nome Virgin merece confiança, em especial dos jovens", disse Branson. "O consumidor vem sendo enganado há muito tempo por uma indústria que é capaz de ocultar o que cobra."[2]

---

[2]　BROWN, Mick. *Richard Branson: the authorized biography*. 4. ed. Reino Unido: Headline, 1998.

Levante a bandeira pirata

Outros veem Branson mais como aventureiro do que como cavaleiro. Eles argumentam que, para o chefe da Virgin, a atração pela esgrima demonstra seu completo desrespeito pelas figuras de autoridade. Isso, combinado com um senso de divertimento perspicaz e o prazer de ser um fator de irritação para as grandes empresas, é o que os atrai para seu lado.

Segundo esse ponto de vista, Branson adota a rota que leva aos navios mais carregados de tesouros, com o butim do excesso de poder sobre o mercado. Inúmeras vezes hasteou o logotipo da Virgin — como uma versão moderna da caveira e dos ossos cruzados — sobre um novo negócio, quando ele e sua jovem tripulação pirata faziam a abordagem do mercado de uma ou outra multinacional.

Branson sobre serviços financeiros: "O consumidor vem sendo enganado há muito tempo por uma indústria que é capaz de ocultar o que cobra".

Branson tem plena consciência dessa imagem e já usou o tema "pirata" com bom efeito para gerar publicidade e antagonizar a concorrência, algo em que ele se supera. Pouco depois do lançamento da Virgin Atlantic Airways, por exemplo, Branson lançou um convite aos fotógrafos da imprensa nacional do país para registrar sua técnica de esgrima. O local: Heathrow, o principal aeroporto de Londres — onde a British Airways mantém um modelo do Concorde, em tamanho real, estacionado em sua área promocional na entrada do aeroporto.

Na hora marcada, Branson apareceu vestido de pirata, incluindo tapa-olho, e baixou a bandeira da Virgin sobre o Concorde, roubando o impacto da transportadora nacional e oferecendo uma oportunidade fantástica para fotografias. No dia seguinte, os jornais traziam fotos de Branson e de seus piratas abordando a nau da British Airways. Lord King, presidente da empresa à época, teria ficado tão irritado quando viu as fotos que quase quebrou ele mesmo a barreira do som.

Todo cachorro magro tem seu dia

Branson é muito bom em posicionar a marca Virgin como cachorro magro (ainda que, vista como grupo, a Virgin é, na verdade, uma companhia grande). É difícil pensar mal de um homem que desafia companhias que são, ou pelo menos aparentam ser, muito maiores que a dele.

Todo torcedor sabe que o mais fraco sempre atrai o observador neutro para o seu lado. O mesmo parece valer nos negócios. Posicionar a Virgin como a companhia mais fraca traz grande vantagem psicológica. Atrai a simpatia dos consumidores, em especial daqueles que se sentem negligenciados ou que tenham sido espoliados no passado. Estes tendem a ser atraídos pelo estilo agressivo e tenaz do pequeno que está preparado para enfrentar os valentões. Colocados diante da perspectiva de um desafio ousado ao poder das multinacionais, observadores neutros não podem evitar o aplauso à audácia da Virgin.

Isso é bom, ainda, para a motivação dos funcionários da Virgin, que se sentem participantes de uma luta épica — o talento e o entusiasmo empresarial da Virgin comparados aos pesados bíceps corporativos. Como cachorro magro, eles têm tudo a ganhar e nada a perder. Ao mesmo tempo, a chegada de um *hippie* desbocado como Branson ao seu território é quase uma garantia de irritação da concorrência — forçando-a a cometer erros.

É claro que também existe algo na psicologia de Branson que responde a esse desafio. Ele gosta quando tem todas as apostas contra si e sente um prazer enorme em fazer o que os especialistas dizem que não pode ser feito. Quando o desafio é aplicar um tratamento de choque em um líder complacente de mercado, este se torna ainda mais interessante.

Quando um executivo da Coca-Cola se entusiasmou ao dizer que, "sem as nossas economias de escala e nosso incrível sistema de marketing, quem tentar copiar nosso produto não vai chegar a lugar algum", Branson não conseguiu esperar para tentar.[3]

Richard Branson também tem um sexto sentido para o que pode ser feito. Da decisão de entrar no negócio de aviação em 1984, ele diz: "Foi um ato que, em termos puramente econômicos, todos consideraram insano, incluindo meus amigos mais próximos. Mas era uma coisa que eu sentia poder nos trazer algo que as outras não traziam".

---

[3] MITCHELL, Alan. *Leadership by Richard Branson*. Amrop International, 1995.

Escolha suas batalhas

Contudo, as decisões de entrar nos mercados de aviação e de bebidas à base de cola foram cuidadosamente ponderadas. Embora passe a impressão de gostar de escalar a montanha do mundo corporativo apenas por 'estar lá', em quase todos os casos Branson está reagindo a oportunidades específicas de negócio que se apresentam.

Branson sobre enfrentar grandes empresas: "Se você desafia as marcas estabelecidas, muitas das quais têm quase monopólio, deve esperar que tudo vá ser jogado contra você para enfraquecer sua posição".

No caso da Virgin Cola, ele foi procurado por uma companhia de bebidas não alcoólicas que possuía uma fórmula de cola de alta qualidade e buscava uma marca forte; no caso da Virgin Atlantic, Branson foi procurado por Randolph Fields, um jovem advogado que já havia feito grande parte do trabalho de preparação para o lançamento de uma empresa aérea, mas carecia de apoio financeiro. Ambas as oportunidades eram boas demais para ser desperdiçadas.

No entanto, às vezes a lógica não é, a princípio, tão clara para os especialistas — um ponto que Branson gosta de enfatizar sempre que pode. Vejamos o exemplo da entrada da Virgin no mercado de serviços financeiros do Reino Unido.

"Pesquisamos o mercado a fundo e percebemos que, embora houvesse 600 companhias vendendo planos de investimento, pensões e assemelhados, todas cobravam preços quase identicamente altos. Havia sempre uma taxa de abertura (em geral, oculta) e uma elevada taxa anual de administração, bem como um senhor ou senhora Dez Por Cento sentado, arrecadando comissões gordas. Era como um gigantesco cartel...

"O interessante é que, quando lançamos a empresa, os gurus do marketing quase gritaram em uníssono 'extensão de marca', sem parar para pensar que, de fato, a ideia era bastante próxima da proposta básica ofertada pela Virgin Atlantic aos passageiros transatlânticos. Em sua expressão mais simples, um produto de qualidade oferecido com inteligência a preços razoáveis. Tudo o que eles viam era um produto diferente. Mas o público em geral, não versado na linguagem de marketing, viu tudo da mesma forma que nós."[4]

Contudo, existe o outro lado da escolha de suas batalhas. Se há uma lição, acima de quaisquer outras, que Richard Branson pode dar a empreendedores aspirantes é esperar problemas ao desafiar as grandes companhias. Há um provérbio que diz que um gorila com um mosquito nas costas tem a tendência de espantá-lo (principalmente se o mosquito zune muito e toda hora está estampado nos jornais).

"Se você desafia as marcas estabelecidas, muitas das quais têm quase monopólio, deve esperar que tudo vá ser jogado contra você para enfraquecer sua posição. Tivemos de suportar todo tipo de ataque durante muitos anos. Grandes somas de dinheiro são gastas inventando histórias para prejudicar sua proposta ou, de preferência, para sufocá-la antes que esteja estabelecida."[5]

---

[4]   BRANSON, Richard. "Money programme" (palestra). *BBC*, jul. 1998.
[5]   *Idem.*

Mas a Virgin provou ser um competidor forte. No seu caso, existem dois fatores. Primeiro, Branson nunca foi preparado para se deixar pisar pelos grandes. Segundo, e igualmente importante, ele escolhe suas batalhas com muito cuidado.

Diante de um competidor agressivo, a estratégia de Branson é simples: fazer muito barulho para irritá-lo e deixar que ele tente espantar você — depois, basta sentar e esperar que ele cometa um erro. Quando o fizer, ataque com força onde realmente doer. Essa é uma técnica que Branson usou com bons resultados em várias ocasiões. (Também é interessante contar com bons advogados.)

Bata onde dói

Em inúmeros casos, Branson utilizou táticas de guerrilha contra um rival maior. Quando a Virgin Atlantic foi lançada, suas atividades promocionais destinaram-se a tomar pontos da gigante British Airways. Pequena demais para ser considerada um concorrente sério, ainda assim a Virgin lutou bravamente.

A cultura administrativa da British Airways naquela época pode ser descrita como vigorosa, se não agressiva. Na sede da British Airways, Branson era visto como um calouro com muita coisa a dizer. Pior, ele não tinha nenhuma experiência em administração de linhas aéreas e havia se identificado com Freddie Laker, outro calouro, cuja companhia fizera muito para reduzir as tarifas dos voos transatlânticos antes de falir. Várias peças promocionais ousadas e anúncios cuidadosamente redigidos por Branson irritaram a administração da British Airways.

Não se sabe bem o que aconteceu em seguida. Parece que alguns gerentes da British Airways se irritaram com o que consideravam uma afronta à companhia, o que os levou a graves erros de julgamento, incluindo o uso de algumas práticas competitivas — ou truques sujos — destinadas a minar os negócios da Virgin. Diante de uma ameaça grave à sua empresa, e muito possivelmente ao restante do grupo, Branson saiu atirando.

Nos Estados Unidos, ele se valeu das "excelentes leis antitruste" para processar a British Airways nos tribunais. Todavia, no Reino Unido, optou por lutar em um terreno diferente. Sabendo bem que as leis do Reino Unido sobre concorrência não são tão fortes quanto as norte-americanas, ele decidiu perturbar publicamente a British Airways.

Branson informou à imprensa que a British Airways estava jogando sujo contra a Virgin Atlantic. Mas essa afirmação parecia tão fantástica que a imprensa inglesa não soube bem como interpretá-la. Entretanto, finalmente um produtor de documentários começou a investigar a alegação. O programa produzido recebeu o título *Violating Virgin* [O estupro da virgem] e ofereceu evidências que comprovavam as alegações de Branson de que estava em curso uma campanha de truques sujos.

Quando o produtor do documentário procurou a British Airways para que comentasse as descobertas, uma carta do porta-voz da empresa declarou que "ele caíra na armadilha de ser usado pela propaganda de Richard Branson, que busca gerar controvérsias com a British Airways e criar propaganda para si mesmo e para sua companhia, impondo, assim, graves danos à reputação da British Airways".

Nicci Gerrard sobre Branson *versus* Snowden: "Um personagem de *Carruagens de fogo* derrotou um personagem de *Os bons companheiros*".

Na tentativa de tranquilizar seus empregados, a British Airways publicou a carta em seu jornal interno, *BA News*, e o porta-voz da companhia redigiu uma carta em nome do presidente, Lord King, para ser enviada a todos os que lhe haviam escrito sobre o documentário. A carta acusava Branson de "continuar a montar uma campanha contra nós através da mídia" e acrescentava: "A motivação do senhor Branson é criar publicidade para si mesmo e para sua companhia aérea".

O concorrente acabara de cometer um erro, e Richard Branson estava pronto para castigá-lo. Citando as cartas, Branson processou a British Airways e seu presidente por calúnia.

No início de 1993, a British Airways fez um acordo no valor de 610 mil libras — à época o maior valor pago na Grã-Bretanha em um processo por calúnia —, além de arcar com todos os custos legais. O valor final deve ter sido superior a 5 milhões de libras.

No entanto, como observou um jornal em 1993: "O caso dos truques sujos rendeu a Branson mais que as 610 mil libras como compensação por danos morais e as desculpas públicas do arqui-inimigo Lord King. Também aumentou a simpatia de um público que apoia instintivamente o pequeno contra o gigante tirano. Agora todos querem uma fatia do mito Branson".[6]

Mais recentemente, Branson esteve na outra ponta de um processo por calúnia, mas também saiu vitorioso. Richard Branson foi processado por Guy Snowden, presidente da companhia norte-americana de jogos GTech e membro da diretoria da Camelot, a organização que administra a loteria do Reino Unido. Após apresentar proposta para administrar a loteria por meio de um consórcio e ser derrotado, Branson declarou que Snowden tentara suborná-lo a fim de fazê-lo sair da disputa. Snowden negou a acusação e processou Branson por calúnia, o que foi um erro. Do ponto de vista do acusado, um advogado comentou que Richard Branson é o pesadelo do querelante em um processo por calúnia. De todas as figuras da vida pública inglesa, Branson tem a reputação mais pura e conta com a simpatia geral. Dado seu gosto por heróis e vilões, a imprensa britânica caracterizou Snowden como o vilão e Richard Branson como o defensor do povo. A derrota de Snowden no tribunal levou ao afastamento de seu cargo na Camelot. Branson doou as 100 mil libras que recebeu para causas beneficentes.

Na época, um jornalista observou: "Um personagem de *Carruagens de fogo* derrotou um personagem de *Os bons companheiros*".[7]

---

[6]   DAVIDSON, Andrew. "Virgin's angel: the rise and rise of Richard Branson". *Sunday Times Magazine,* 30 maio 1993.

[7]   GERRARD, Nicci. "Why do we love Richard Branson?". *The Observer,* 8 fev. 1998.

Provoque alguém maior que você

Provocar gente grande é quase um artigo de fé para a Virgin, mas também tem papel importante no sucesso de Branson. Apesar das desvantagens óbvias, atacar as posições dominantes de mercado tem vantagens relevantes. Mercados dominados por companhias grandes têm generosas margens de lucro, com muito espaço para ganhar dinheiro. Também permitem à Virgin desempenhar o papel do cachorro magro, algo que lhe traz vantagens perante os consumidores, os funcionários e a mídia.

A primeira lição da estratégia de Branson é:

- Faça do seu negócio uma cruzada. Branson tem a capacidade notável de "vestir" quase tudo o que faz sob o manto de um cavaleiro. Isso dá autoridade moral à marca Virgin.

- Levante uma bandeira pirata. Muitas pessoas veem Branson mais como aventureiro do que como cavaleiro. A atração que exerce é vista como falta de respeito por figuras de autoridade, combinada à capacidade de se divertir e ao prazer de ser irritante para as grandes empresas.

- Seja o cachorro magro. É difícil pensar mal de um homem que desafia companhias que são, ou pelo menos parecem ser, maiores que a dele.

- Escolha suas batalhas. Apesar de dar a impressão de gostar de escalar as montanhas do mundo corporativo apenas por "estar lá", em quase todos os casos Branson está reagindo a oportunidades específicas de negócio que se apresentam.

- Bata onde dói. Em muitos casos, Branson usou táticas de guerrilha contra um rival maior.

DOIS

AJA COMO UM *HIPPIE*, AGITE COMO UM *HIPPIE*

"No início, não percebi que havia uma forma diferente de ser um homem de negócios. Hoje minha empresa usa sua credibilidade e poder para fazer do nosso mundo um lugar melhor para viver."

— Ben Cohen, cofundador
de Ben & Jerry's Homemade[1]

---

[1] COHEN, Ben. *The globe and mail*. Maio 1988.

Com seu estilo informal e atitude não conformista, Richard Branson foi chamado de "capitalista *hippie*". Produto dos agitados anos 1960, sua aversão a vestir terno, em particular, levou-o a ser associado a outros "administradores *new age*", como Anita Roddick, da companhia de cosméticos naturais Body Shop, e os fornecedores de sorvetes Ben Cohen e Jerry Greenfield, da Ben & Jerry's Homemade.

Na década de 1960, Branson marchou em direção à embaixada norte-americana em Londres pedindo o fim da Guerra do Vietnã — como fizeram muitos outros jovens de cabelos longos. Também usou sua revista *Student* para dar voz às opiniões de reacionários liberais, como a atriz Vanessa Redgrave. Mas era mais atraído pela agitação e excitação de Londres naquela época do que jamais foi pela causa *hippie*.

No caso de Branson, o rótulo *hippie* é capcioso. Na verdade, sua afinidade com o Movimento Flower Power* dos anos

---

* Movimento *hippie* dos anos 1960 criado como símbolo da ideologia da não violência e de repúdio à Guerra do Vietnã. (N.T.)

1960 tem menos a ver com o comprometimento com um conjunto coerente de princípios e crenças políticas e muito mais com estar de acordo com a época. Esse senso de ser parte de tudo que está de acordo com a moda é um dos grandes atributos empresariais de Branson. Foi o que lhe permitiu projetar a marca "Virgin" como uma alternativa "legal" a tudo que oferecem os ternos.

Branson sempre se sentiu pouco à vontade com o rótulo *hippie*. Mais precisamente, é e sempre foi anticorporativo. Tem um desrespeito saudável pela arrogância e mentiras das grandes empresas. Em particular, não tem tempo a perder com quem precisa se esconder atrás de ternos e gravatas ou com os formados nas escolas de negócios que pensam que administrar uma empresa resume-se a números.

Branson sobre o *establishment* empresarial britânico: "Com exceção de uns poucos, a Grã-Bretanha do pós-guerra criou uma cultura empresarial doméstica anticompetitiva, baseada em cartéis e patriarcal".

Ao examinar o *establishment* empresarial inglês dos anos 1960, ele não gostou muito do que viu. "Com exceção de uns poucos, a Grã-Bretanha do pós-guerra criou uma cultura empresarial doméstica anticompetitiva, baseada em cartéis e patriarcal", observa Branson. Desde o início, ele se autointitulou o demolidor oficial daquela cultura e fez fortuna oferecendo uma alternativa.

Mais uma vez, nesse caso, fato e ficção se fundem para criar uma imagem de Branson instigantemente aberta a interpretações. "Filho dos revolucionários anos 1960, ele forjou uma síntese única dos valores da revolução da juventude com as necessidades de uma empresa moderna"[2], disse um comentarista.

De forma alternativa, como observa seu biógrafo Mick Brown, ele simplesmente "absorveu o idealismo daquela época e o assimilou em uma benevolência difusa 'para fazer algo pelos jovens' — em particular se esse algo oferecesse divertimento, excitação e um desafio a si mesmo".

Branson teria sido atraído para tudo que acontecia naquela época. Nos anos 1960, era inevitável que se envolvesse na cena *hippie*. Sua antena sempre capta o sinal mais recente de energia — e ele geralmente aplica a marca Virgin na fonte. No início dos anos 1970, por exemplo, seu selo contratou Mike Oldfield e Tangerine Dream. Mais tarde, ajudou a divulgar o *punk* ao contratar o grupo Sex Pistols, quando os outros selos o consideravam excessivamente controverso.

Como observou um jornalista: "É como se sempre tivéssemos entendido tudo errado. Em vez de um *hippie* entrando no mundo dos negócios, era um empresário que entrava no mundo *hippie* (e no mundo *punk* e em qualquer outro nicho do mercado que ele pudesse ver)".[3]

Branson não se interessa tanto por política, apesar de sua popularidade e influência sobre os jovens significar que os políticos fazem fila à sua porta. Na década de 1980, ele foi fotografado com Margaret Thatcher. No entanto, ape-

---

[2]　MITCHELL, Alan. *Leadership by Richard Branson*. Amrop International, 1995.

[3]　GERRARD, Nicci. "Why do we love Richard Branson?". *The Observer*, 8 fev. 1998.

"Em vez de um *hippie* entrando no mundo dos negócios, era um empresário que entrava no mundo *hippie* (e no mundo *punk* e em qualquer outro nicho do mercado que ele pudesse ver)."

sar de ela gostar de vê-lo como um exemplo de sua política, os dois nunca foram muito próximos. Mais recentemente, Branson se ligou ao governo de Tony Blair.

A realidade é que Branson não se interessa particularmente por ideologias. Pragmatismo é seu credo, um ponto que se reflete na disposição de trabalhar com governos de diferentes tendências. No fundo, Branson se coloca à esquerda do centro em questões sociais, mas não com fanatismo. "Acho que sou de esquerda — bem, apenas até onde acho minhas posições de esquerda sensatas e racionais", disse ele ao jornal *Guardian*, de tendência esquerdista. "Utópico, mas quase apolítico", é como o descreve um ex-funcionário.

Dinheiro não é tudo

"O dinheiro não é a motivação dele", diz um amigo que o conhece há 25 anos. "Não é uma necessidade. Ele fica bem sem dinheiro." E é verdade. Richard Branson viaja pelo mundo sem um tostão no bolso. Alguns veem nisso uma afetação de milionário, mas outros dizem que o único interesse de Branson no dinheiro é como meio de medir suas realizações. De alguma forma ele convenceu os outros de que dinheiro não é o mais importante.

A Virgin tem uma longa tradição de não pagar excessivamente bem ao seu pessoal. Muitos empregados se contentam em trabalhar por salários inferiores aos de mercado por gostar da agitação. (A companhia também procura oferecer carreiras estáveis àqueles que permanecem leais.)

Por exemplo, o primo de um funcionário que já trabalhou para Branson em sua primeira empresa relembra a impressão inicial do jovem empresário. Ao chegar à Albion Street, onde ficava a sede da revista, ele se surpreendeu ao ser cumprimentado por Branson com um beijo. "Pensei: meu Deus, que lugar estranho para ficar, mas igualmente interessante, porque isso foi um beijo amistoso."

Tinha de ser,[4] porque ninguém na equipe da revista recebia salário naquela época. Muitos já notaram o jeito de Branson de fazer os outros trabalharem em troca de pouca ou nenhuma compensação financeira, bem como de nenhuma outra vantagem pessoal. Várias pessoas atribuem esse jeito a um sentido curiosamente inspirador de que tal atitude atendia ao bem geral, que de algum modo favorecia alguma causa nobre. Mas ninguém jamais conseguiu determinar exatamente o que era. Por intermédio de algum método astucioso, Branson convenceu esses indivíduos racionais de que abrir mão da compensação financeira era "divertido".

Branson também não gosta de pagar salários vultosos aos seus altos executivos. Apesar de ter tornado milionários vários de seus gerentes, dando-lhes ações da empresa, ele é cuidadoso no que diz respeito ao uso de atrativos financeiros, e astuto o suficiente para oferecer ações das empresas individuais, que valem bem menos que a participação no capital do grupo.

---

[4] BROWN, Mick. *Richard Branson: the authorized biography.* 4. ed. Headline, 1998.

Embora seja rico, a atração de Branson por bens materiais é surpreendentemente modesta — pelo menos para os padrões de um milionário. É verdade que ele já teve uma ilha no Caribe, agora de propriedade do grupo Virgin, e tem várias casas em todo o mundo, mas, ao contrário de outros homens muito ricos, Branson não ostenta sua riqueza. Não coleciona obras de arte inestimáveis, nem carros, nem cavalos (alguns espécimes raros de pato em sua casa de Oxfordshire não contam). Branson detesta comprar roupas e é conhecido por usar sapatos baratos e calças de mau gosto. Hoje em dia, prefere que sua mulher vá às compras para ele.

As pessoas que trabalham com Branson dizem que às vezes ele é arrogante, mas nunca pretensioso. Também demonstra pouco interesse em participar do *jet set* internacional — embora seus interesses na empresa de música lhe imponham contatos com estrelas de rock, em geral em suas próprias festas. Como observou um funcionário da Virgin: "Para ele, tudo é um jogo. Branson encara a vida como uma versão cósmica do banco imobiliário".[5]

O paletó não é uma necessidade

A pouca disposição de Branson de vestir terno e gravata é lendária. Hoje, os suéteres de grife são menos evidentes. A aparência ainda é informal — geralmente camisa e um casaco esporte. Branson já vestiu terno risca de giz e

---

[5]   MITCHELL, Alan. *Leadership by Richard Branson*, cit.

chapéu para promover as ações da Virgin, quando lançadas na bolsa, mas sua ideia de vestir-se bem continua totalmente discreta.

Também nesse caso, Branson não é o *hippie* que as pessoas pensam. O jovem empreendedor era mais um *nerd* que um *beatnik*. Segundo Mick Brown, em sua biografia de Branson:[6] "As calças largas e o cabelo malcuidado, os óculos de aros pretos quebrados e colados com fita adesiva lhe davam um ar de menino superdotado — um ar que ele nunca abandonou por completo".

Seu sentido do traje informal faz com que se destaque na multidão, algo que lhe traz vantagens. Há uma história que exemplifica bem seu estilo invertido de se vestir bem. Nos primeiros dias da Virgin, tornou-se comum ver jovens de rabo de cavalo, vestindo jeans, entrar no Coutts, um dos bancos mais antigos e conservadores da Inglaterra. Portanto, era natural que, quando enfrentou uma crise financeira que a ameaçou de falência, a empresa procurasse a ajuda de um banco.

Combinou-se uma reunião de Branson com o gerente da conta da Virgin no Coutts. No dia marcado, o jovem empresário apareceu para trabalhar vestido como sempre, de jeans e camiseta. Um de seus colegas observou: "Richard, você não acha que já é tempo de vestir um terno?". O jovem Branson sorriu. "Se de repente eu aparecer no banco vestido de terno e gravata, eles vão ter certeza de que estamos apertados." Naquele dia, Branson se apresentou de jeans e informou aos

---

[6] BROWN, Mick. *Richard Branson: the authorized biography*, cit.

banqueiros que sua empresa estava em expansão tão rápida que ele precisava de um limite maior de saque a descoberto para atender aos pedidos. O banco observou a autoconfiança do jovem malvestido e concordou com seu pedido.

Andrew Davidson, um jornalista que entrevistou Branson, conta outra história que resume a atitude do presidente do grupo Virgin em relação ao soberbo *establishment* empresarial da Inglaterra.[7] Quando foi convidado a falar perante o congresso anual do Instituto de Diretores, no Royal Albert Hall, Branson ensaiava respostas no escritório de sua casa no Holland Park, vestindo calça cinza, sapatos pretos baratos e um suéter feito à mão. Então, do quarto ao lado, seu assistente pergunta pelo terno. Branson geme: "Terei de usar terno?".

É Davidson quem conta: "Sem pensar, eu falei a ele como, anos antes, fui expulso do Instituto de Diretores por não estar de gravata. É como agitar um pano vermelho diante de um touro. 'Certo, está resolvido', Branson grita para o assistente no quarto ao lado. 'Sem terno, Penni. Vou como estou.' Ele sabia que, como ia fazer uma das apresentações principais, seria pouco provável ser expulso".

Poder para o povo

Uma área na qual as credenciais dos anos 1960 são genuínas é o tratamento que Branson dá às pessoas que trabalham

---

[7]   DAVIDSON, Andrew. "Virgin Angel: the rise and rise of Richard Branson". *The Sunday Times Magazine*, 30 maio 1993.

para ele. Branson acredita firmemente no poder das pessoas. Construiu a marca Virgin sobre a premissa de que pessoas — clientes e empregados — têm prioridade. Ele é um produto dos ideais democratizantes dos anos 1960 e tem um senso instintivo de que todas as pessoas deveriam ser tratadas com respeito. Hoje, companhias em todas as partes se ocupam em desmontar hierarquias e eliminar os sinais externos de privilégio executivo. Ao abandonar os sinais de *status* e poder desde o início, Branson tomou a frente do jogo.

Branson gosta de se referir aos funcionários da Virgin como parte de uma família estendida. Nos primeiros anos da companhia, todo novo empregado recebia o telefone da casa de Branson e era incentivado a chamar se tivesse uma ideia brilhante — ou queixas. Até hoje todos na companhia o tratam pelo primeiro nome.

Outro fato característico de Branson: quando a Virgin Megastore foi lançada em Nova York, a lista de convidados incluía as tripulações de todos os aviões da Virgin Atlantic que estivessem na cidade naquela noite. Outro toque clássico de Branson foi repartir as 610 mil libras do processo por calúnia contra a British Airways. O dinheiro foi dividido igualmente entre todos os funcionários do grupo. Cada um recebeu 166 libras — que ficaram conhecidas como o "bônus da BA". Foi uma mensagem de que juntos tinham conquistado uma grande vitória.

Branson acredita no compromisso com seus empregados nos bons e maus tempos. Funcionários que perdem o emprego podem

> **Branson sobre o interesse dos funcionários:** "O pessoal deve vir primeiro: se isso significar uma redução de 5 milhões de libras, então essa é a decisão certa".

apelar diretamente ao presidente, que já interveio pessoalmente quando achou que o apelo era justificado. Mesmo quando os negócios da empresa aérea foram comprimidos pela Guerra do Golfo e pela recessão dos anos 1990, a Virgin Atlantic se preocupou em evitar demissões e conseguiu fazê-lo entre 1991 e 1993.

"Procuramos todos os meios de contornar demissões", disse Branson. "Alguns saíram de licença com metade do salário, ficando claro que poderiam recuperar o emprego quando houvesse a recuperação dos negócios."

Interessante observar que Branson fez uma virtude do fato de reter a propriedade da maior parte do capital do império Virgin. A decisão de fechar o capital da companhia após seu lançamento na Bolsa de Londres, segundo ele, lhe dá mais liberdade para ser um patrão preocupado.

"A questão é que, como companhia fechada, é possível tomar decisões que são mais difíceis para uma companhia aberta. O pessoal deve vir primeiro: se isso significar uma redução de 5 milhões de libras, então essa é a decisão certa. É como uma família. Quando as pessoas usam a palavra família em relação a empresas, o termo é, em geral, muito mal aplicado. Mas, se a situação estivesse difícil, eu não expulsaria meus filhos. Haverá um pouco menos para todos. Deveria ser exatamente assim com uma companhia."[8]

---

8   Idem.

Sexo, drogas e rock 'n' roll

Desde o início, os negócios da Virgin foram geridos de acordo com uma política deliberada de misturar negócios e prazer — trabalhar muito e divertir-se muito. Durante anos, todo o pessoal da companhia de discos e da editora e a equipe administradora do estúdio passavam um fim de semana juntos à custa da empresa, em um hotel-fazenda.

Como observa Tim Jackson em seu livro *Richard Branson Virgin King*: "O comparecimento era teoricamente opcional, mas os ausentes ouviam dos colegas que deveriam, então, passar o fim de semana trabalhando no escritório".

"No hotel, outras companhias de discos talvez ocupassem o dia discutindo novas estratégias e produtos. Na Virgin, os negócios estavam banidos. Ao contrário, os convidados passavam o fim de semana jogando tênis ou golfe, nadando e tomando sol, comendo e bebendo com muito prazer, usando drogas e dormindo acompanhados à noite."[9]

Mais uma característica de Branson: quando a revista *Mayfair* publicou algumas fotos de sua mulher, tiradas uma década antes, ele não se importou. Enquanto outros magnatas milionários tentariam evitar a publicação, Branson ficou encantado porque o mundo ia saber como era bela a mãe de seus filhos.[10] Quando, mais tarde, um empregado

---

[9] JACKSON, Tim. *Richard Branson Virgin King: nos bastidores do império dos negócios de Branson*. 2. ed. São Paulo: Negócio Editora, 1997.

[10] Idem.

da Virgin brincou com ele sobre as fotos, Branson disse que havia pedido à revista ampliações coloridas para colocar na parede, acima da cama.

A sede da revista *Student*, o primeiro negócio de Branson após deixar a escola, parecia mais uma comunidade *hippie* que a redação de uma revista. Perdiam-se prazos, a publicação dava prejuízo e acabou falindo, mas as pessoas que trabalhavam ali se divertiam muito. Enquanto outras companhias tentariam sessões de *brainstorm*, a equipe preferia sentar-se e fumar um baseado.

O projeto seguinte de Branson foi mais bem-sucedido, mas a atitude foi a mesma. De acordo com uma fonte: "A nova empresa — uma companhia de venda de discos por correio — foi conduzida em uma atmosfera cheia de fumaça de maconha.[11] A primeira tarefa do dia era enrolar os baseados. O nome inspirado da companhia foi inventado durante uma dessas sessões".

(É difícil saber se Branson realmente tragava. Contudo, durante um programa recente da TV BBC,[12] perguntaram-lhe se havia algum produto que nunca teria a marca Virgin. Sensatamente, ele evitou responder, mas deixou no ar a ideia de que, se fosse legalizada, a maconha teria preferência sobre o fumo para receber a marca Virgin.)

Nessa época o rock 'n' roll pagava as contas. Não só a companhia abriu várias lojas de discos, mas, por volta dos

---

[11] RODGERS, Paul. "The Branson phenomenon". *Enterprise*, mar./abr. 1997.

[12] BBC."The money programme". jul. 1998.

anos 1970, o selo Virgin dava uma contribuição significativa na fonte — ao descobrir talentos como Mike Oldfield, Tangerine Dream e Boy George e ao contratar os Sex Pistols. Chegou até mesmo a tentar contratar os mestres do estilo de vida rock 'n' roll, os Rolling Stones. (Os lucros gerados por *Tubular bells*, de Mike Oldfield, e, em menor grau, o disco *Phaedra*, de Tangerine Dream, financiaram todo o grupo Virgin, bem como sua expansão, durante os três anos seguintes ao lançamento. Mais tarde, a renda das vendas dos discos do Culture Club deu uma contribuição relevante para os cofres do grupo — abrindo vastos reservatórios de dinheiro para o império Virgin, então em dificuldades.)

Apesar do tamanho, o aspecto social do negócio continua importante até hoje. A cada ano, Branson oferece uma série de festas em sua casa a todos os funcionários da Virgin — todos, desde os altos executivos até as tripulações dos aviões, de vendedores a engenheiros aeronáuticos, de especialistas em bebidas não alcoólicas a secretárias. Nelas essas pessoas desfrutam pródigo entretenimento — uma feira de diversões, churrasco, castelos, navegar no rio mais próximo e outras atividades. Também é uma tradição da Virgin Branson terminar a noite na água pelo menos duas vezes durante o fim de semana.

Como diz Mick Brown em sua biografia de Branson: "É difícil pensar em outro homem de negócios ou capitão de indústria em qualquer setor — Lord Hanson ou Donald Trump, Alan Sugar ou Bill Gates — capaz de entreter assim seu pessoal. Da mesma forma, é difícil pensar em outro presidente de companhia aérea capaz de receber os passageiros na porta do avião ou de se vestir como comissária de bordo para lhes servir bebidas durante o voo".

Agite, *baby*

Outro denominador comum dos negócios ao estilo Branson é o desejo de sacudir os mercados em que entra — e o *establishment* em geral. Os setores nos quais a Virgin se estabelece raramente continuam como eram. É inerente à abordagem do rebelde Branson escolher setores que clamam por inovações. Geralmente esses setores se caracterizam por falta de imaginação e de resposta às necessidades reais dos consumidores. Em certos casos, a triste situação é quase aceita pelos consumidores como simplesmente "é assim que as coisas são". Então surge Branson e diz: "Não precisa ser assim".

Um exemplo clássico foi a entrada da Virgin no mercado de serviços financeiros do Reino Unido. É difícil imaginar algo mais incongruente que os piratas da Virgin discutindo planos de pensão e investimento. Ainda assim, uma vez que se tornou claro que estavam falando sério, nada pareceu mais natural: a Virgin, a companhia que se leva a sério, oferecer aos jovens uma alternativa aos pomposos banqueiros e companhias de seguro com uma abordagem transparente de serviços financeiros.

Para identificar a oportunidade, foi necessário alguém que soubesse como operava a comunidade financeira, mas que não fosse parte dela. Em 1991, Rowan Gormley entrou para a Virgin vindo de uma empresa de investimentos de risco. Durante vários anos ele trabalhou com Branson examinando centenas de propostas de negócio recebidas pela companhia. Ele conhecia a fórmula Virgin. Foi Gormley quem levou ao patrão a ideia de que a Virgin deveria se envolver em aposentadorias e seguros de vida.

No entanto, inicialmente, até Branson achou que aquilo era ir longe demais. Aos 46 anos, ele nunca tivera um plano de aposentadoria na vida — e, com seus milhões, era pouco provável que precisasse de um. Ademais, não há nada divertido nem *sexy* em planos de aposentadoria.

Mas Gormley argumentou de outro ponto de vista. Mostrou que uma quantidade enorme dos pagamentos que as pessoas faziam a título de aposentadoria ou seguro de vida destinava-se a cobrir encargos administrativos e despesas gerais. Além disso, as companhias de administração de fundos e investimentos cobravam taxas exorbitantes para gerir os recursos dos clientes. Contudo, várias novas empresas, entre elas a Direct Line e a First Direct, já haviam demonstrado que serviços bancários e de seguro diretos por telefone, em lugar das agências, eram um modelo viável no Reino Unido.

Havia um apelo adicional. A relação com o mercado de ações quando a Virgin fora negociada em bolsa havia reforçado as suspeitas de Branson contra a comunidade de investimentos. Administradores de fundos que decidiam quais ações comprar ou vender eram arrogantes e geralmente mal informados sobre o valor e as prioridades reais das companhias que corretavam. Gormley confirmou esse ponto, explicando que apenas acompanhar a evolução FTSE, o índice da bolsa de Londres, era mais compensador financeiramente que investir em um fundo administrado. A Virgin, então, deveria lançar um índice que acompanhasse os Planos de Ativos Pessoais (PEPs).

Na comunidade de investimentos, fundos ligados a índices haviam sido um segredo bem guardado durante anos, em parte porque demonstravam ter desempenho superior ao dos administradores de fundos de investimento. Um índice que acompanhasse os PEPs, associado ao desempenho das melhores companhias da bolsa, permitiria aos investidores jogar no mercado de ações sem a confusão e as altas taxas de corretores e administradores de fundos. Iria sacudir a indústria. Isso era um atrativo para Branson.

> **Branson sobre o lançamento da Virgin Direct:** "Não consigo passar por um setor de negócios complacente sem querer sacudi-lo um pouco".

O que à primeira vista parecia uma empresa improvável era, de fato, um buraco enorme no mercado. Bastou aplicar a perspectiva Virgin das coisas para perceber sua real dimensão. "Não consigo passar por um setor de negócios complacente sem querer sacudi-lo um pouco", disse Branson no lançamento da Virgin Direct. Ele contava com a marca Virgin para acalmar a desconfiança do homem comum em relação aos tipos da City e de Wall Street.

A questão é que Richard Branson não é banqueiro nem contador — nem mesmo "adulto", no sentido convencional do termo —, como não o são a maioria dos clientes da Virgin Direct. A marca é tão atraente talvez porque eles gostem de pensar que têm algo em comum com o presidente da Virgin, bem como por confiarem nele pessoalmente.

O Virgin PEP logo se tornou o produto mais vendido no mercado financeiro. No primeiro ano, a Virgin Direct vendeu 400 milhões de libras em PEPs a 75 mil investidores. No final de 1997, 200 mil pessoas haviam investido na empresa e mais de 1 bilhão de libras estavam sob a administração da Virgin.

Em 2001, a Virgin Direct se fundiu com a virginmoney.com para criar a marca Virgin Money. Desde então, a Virgin Money se tornou um grande participante do mercado de serviços financeiros.

A companhia passou ao controle total do grupo em 2004 e, em 2006, tinha em torno de 1 milhão de clientes e 2,4 bilhões de libras sob sua administração.

O mercado de serviços financeiros nunca mais será o mesmo.

Aja como um *hippie*, agite como um *hippie*

Com seu estilo informal e sua atitude não conformista, Richard Branson já foi chamado de "capitalista *hippie*". *Hippie* ele não é, mas seu estilo administrativo alternativo oferece as seguintes lições àqueles que aspiram ganhar dinheiro, não guerras:

- Dinheiro não é tudo — um negócio deve oferecer mais que apenas dinheiro. Apesar de toda a riqueza, o apetite de Branson por coisas materiais é surpreendentemente modesto. De alguma forma ele também consegue convencer os outros de que o dinheiro não é o mais importante.

- O paletó não é uma necessidade (isso vale para todos os dias, não somente para as sextas-feiras). O desprazer que Branson dedica aos ternos é lendário. Seu sentido de se vestir com informalidade o destaca da multidão e lhe traz vantagens.

- As pessoas vêm primeiro. Branson acredita profundamente no poder das pessoas. A marca Virgin foi construída com base na premissa de que pessoas — empregados e clientes — vêm primeiro.

- Todo mundo na maconha. Desde o início, o negócio Virgin foi gerido com uma política deliberada de misturar prazer e negócios. Desde os primeiros dias, a filosofia foi: trabalhe muito e divirta-se muito.

- Não imite, inove. Outro denominador comum dos negócios ao estilo Branson é o desejo de sacudir os mercados em que entra — e o *establishment* em geral. Os setores nos quais a Virgin se estabeleceu raramente continuaram como eram.

TRÊS

BARGANHE: TUDO É NEGOCIÁVEL

"... Ele tinha a habilidade de um camelô para a
negociação, sabendo exatamente quando falar e
quando se calar, quando pressionar a outra parte sobre
alguma questão e quando simplesmente ir embora."

— Tim Jackson, autor de *Richard Branson Virgin King:
nos bastidores do império dos negócios de Branson*

Uma das habilidades menos conhecidas de Richard Branson é a técnica afiada da negociação. Gente educada, dizem, cede a vez, mas não Branson. Apesar da imagem de bom moço — ou talvez por causa dela —, ele raramente chegou em segundo lugar em qualquer uma das negociações de que participou. Carisma e um encanto afável ocultam um cérebro calculista para os negócios.

Não é coincidência que, de todos os parceiros que negociaram termos favoráveis com Branson, vários tenham preferido conduzir as negociações por intermédio de seus advogados, em vez de negociar cara a cara com ele. Entre estes está o primo de Branson, Simon Draper, responsável por negociar muitas das descobertas musicais da Virgin, incluindo o Culture Club.

Não que Branson seja intimidador — muito pelo contrário. Na realidade, ele é um modelo de afabilidade. Mas quem o conhece sabe que seu estilo fácil oculta uma mente astuta para os negócios e uma natureza ferozmente competitiva. Esses atributos se complementam com um apetite pela barganha capaz de envergonhar um comerciante turco de tapetes.

A isso se combinam uma paciência surpreendente em alguém tão impulsivo e a capacidade de persuadir outros de que estão recebendo uma oferta não apenas razoável, mas a mais generosa que aquela barganha pode oferecer. Em geral, há também um forte elemento de cara de pau; Branson não tem vergonha de pedir muito mais do que qualquer outro teria coragem.

Gente educada chega primeiro

Pergunte a si mesmo: quando a maioria dos empresários acabava cedendo parcelas cada vez maiores do seu negócio para assegurar investimento adicional para crescer, como Branson conseguiu aumentar seu império e acabar com uma maior fatia do grupo? Em 1973, Branson controlava 60% da principal holding da Virgin; em 1995, ele e a família eram proprietários de 60% de um império Virgin muito maior, que valia mais de 1 bilhão de libras.

Prova de suas astutas habilidades de negociador e de seu grande poder de convencimento é que ele realizou esse feito notável. Mas no que Branson realmente é bom é em perceber onde está o valor real de um negócio e em usar outros elementos como termos de barganha. O fato de a Virgin ser uma teia de pequenos negócios, com alguns um pouco maiores, é uma grande vantagem nesse caso. Branson percebeu há muito tempo que oferecer uma fatia grande de um negócio pequeno é infinitamente preferível a dar participação no grupo como um todo.

No entanto, o "império atomizado" é apenas um fator. Tim Jackson, autor da biografia não oficial de Branson, observa um contraste entre seu estilo privado e sua *persona* pública expansiva. Diz ele: "Quando havia um negócio a ser concluído, ele gostava de barganhar — tinha a habilidade de um camelô para a negociação, sabendo exatamente quando falar e quando se calar, quando pressionar a outra parte sobre alguma questão e quando simplesmente ir embora".

Branson também tem uma natureza altamente competitiva, que está sempre à procura de uma vantagem. Isso é essencial para qualquer empresário com ambições sérias e deveria ser cultivado pelo magnata em ascensão. No caso de Branson, isso é acentuado por várias outras características. A mais importante delas é seu charme fácil, que leva qualquer um, menos o mais duro dos negociadores, a baixar a guarda.

A grande habilidade de negociação de Branson é um desses felizes (para ele) acidentes de nascença. A natureza, em toda a sua sabedoria, resolveu dar uma mente de comerciante ao filho tranquilo de um advogado de classe média. E não só fez Branson ter a capacidade de concluir um negócio — isso é parte de sua psicologia. Se as escolas públicas inglesas se interessassem menos por competições de críquete ou rúgbi, em vez daquelas que instilam uma mente de comerciante em seus alunos, poderiam se inte-

> "Quando havia um negócio a ser concluído, ele gostava de barganhar — tinha a habilidade de um camelô para a negociação."

ressar por competições de negociação entre escolas. Nesse caso improvável, Richard Branson teria sido o capitão da equipe de sua escola.

Uma história ilustra o prazer cruel de Branson em negociar. Nos primeiros dias da venda de discos pelo correio, um homem telefonou para oferecer à companhia alguns discos piratas de Jimi Hendrix. Foi convidado a comparecer no escritório no dia seguinte para discutir o negócio com o senhor Zimmerman. Quando chegou, às 10 horas, o homem foi informado pelo próprio Branson de que o senhor Zimmerman estava em um café logo na esquina.

Quando voltou algum tempo depois, o homem explicou que o senhor Zimmerman não tinha aparecido. Branson manifestou surpresa e perguntou com toda a inocência do que se tratava. O homem explicou que pretendia vender alguns discos a 1 libra cada um. "Eu lhe dou 50 pences por disco", disse o astucioso Branson, e o negócio foi concluído. Após alguns dias, todos os discos foram vendidos pelo correio a fãs ardorosos de Jimi Hendrix, a 3 libras cada um.

A face do diabo

Quando está negociando, Branson espera uma barganha, sempre fazendo uma oferta baixa — significativamente baixa. Nas grandes compras — mansões no campo, aviões, uma ilha no Caribe —, isso pode representar uma grande diferença. O mais engraçado é que muitos homens de negócio, em especial aqueles que passaram a vida toda em grandes corporações, nunca esperam ter de enfrentar uma mentalidade de comerciante, um homem que barganha pelo simples prazer de barganhar.

As habilidades de negociação de Branson também explicam, em parte, por que a Virgin teve tanto sucesso nos negócios em sociedade e em outros acordos de parceria. Sua habilidade de negociador com a face do diabo tornou-se uma marca da companhia. "Não", "nunca" e "impossível" são palavras que não constam no dicionário de negócios de Branson.

"Quando a companhia era pequena e só ele fazia acordos, Branson teve cara de pau suficiente para pedir muito mais do que esperava ganhar — mas estava pronto para negociar ponto a ponto se o adversário o exigisse", observa Tim Jackson. "Ele tinha uma capacidade incrível de se esconder atrás de outros, dizendo a quem negociava com ele que eram as objeções de seus advogados ou de seus colegas, e não as dele mesmo, que lhe impossibilitavam concordar com uma proposta."

Em várias ocasiões, a capacidade de Branson de adular os outros para que fizessem o que ele queria permitiu-lhe realizar coisas que de outra forma teriam sido impossíveis. Branson é especialmente bom em contornar burocracia. Por exemplo, durante as preparações para uma de suas tentativas de viagem em balão de ar quente, Branson recebeu a informação de que um teste vital do balão protótipo não poderia ser realizado porque a companhia aeroespacial, dona das câmaras de teste, havia feito reserva do equipamento para outro cliente pelos próximos dois anos. Branson pediu o nome e o telefone do presidente da companhia. Duas horas mais tarde, voltou para dizer que não só a câmara poderia ser usada imediatamente, mas também que, em um gesto de boa vontade, a tarifa normal de uso, de 25 mil libras, não seria cobrada.

Fale manso, mas tenha um porrete grande

Apesar de toda a sua bondade, há quem diga que Richard Branson não é nem de longe tão simpático para fazer negócios quanto dizem ser. É uma opinião curiosa de um dos empresários mais bem-sucedidos deste século. Seria ingenuidade pensar de outra forma. Qualquer um que pretenda fazer negócio com a Virgin deve primeiro se fazer algumas perguntas simples — e bastante óbvias.

Por exemplo: é esse o mesmo Richard Branson que, após três décadas, continua a ser o líder inconteste de uma das companhias mais conhecidas do mundo, da qual ainda possui 60% do capital? É esse o mesmo Richard Branson que roubou participação no mercado de algumas das companhias mais agressivas do mundo?

O que deve ser entendido aqui é que não estamos tratando com um gatinho. Seria estupidez pensar de outra forma. Ninguém chega onde Branson chegou sem ser duro nos negócios. Quando Randolph Fields, um jovem advogado, trouxe a Branson a ideia da Virgin Atlantic Airways, o acordo original era que os dois seriam proprietários, cada um, de metade da empresa. Todavia, ao longo das negociações antes do lançamento da empresa aérea, Branson forçou Fields a aceitar uma participação de 25%; mais tarde, no mesmo ano, Fields foi forçado a renunciar à presidência da companhia. Um ano depois, Branson comprou a parte de Fields por 1 milhão de libras.[1]

Branson tem um sentido bem desenvolvido para identificar onde está o poder em uma situação de barganha. Às vezes ele pressiona para conseguir vantagens, quando sabe que tem cartas mais fortes. Negócio, como dizem, é negócio. Quem pensa que a Virgin é uma instituição de caridade, melhor pensar de novo.

Agir com base em boa assessoria

Apesar de parecer flutuar de um negócio para outro, Richard Branson conta com a assessoria de outras pessoas que têm os pés firmemente plantados no chão. Por trás da imagem despreocupada de Branson esconde-se não somente um empresário calculista, mas um empresário que sabe muito bem o valor de uma boa assessoria profissional.

Ele diz: "Não sou bom com números. Bombei em Matemática no primário".[2]

Branson pode não saber contabilidade, mas está sempre cercado de gente que sabe fazer contas. Desde o entrevero com as autoridades tributárias inglesas no início da década

[1] JACKSON, Tim. *Richard Branson Virgin King: nos bastidores do império dos negócios de Branson.* 2. ed. São Paulo: Negócio Editora, 1997.

[2] BRANSON, Richard. "Money programme". *BBC,* jul. 1998.

> Quem pensa que a Virgin é uma instituição de caridade, melhor pensar de novo. Branson pode não saber contabilidade, mas está sempre cercado de gente que sabe fazer contas.

de 1970, que quase o mandou para a cadeia, Branson conta com contadores, advogados e banqueiros comerciais do mais alto nível, que o ajudam a colocar os pingos nos "is" de seus negócios.

No grupo Virgin, ele sempre se assegurou da existência de uma equipe de executivos persistentes para acompanhar os negócios e cortar as pontas soltas. Entre estes estão David Abbott, assistente de longa data de Branson, contador formado, e Don Cruickshank, antigo consultor da empresa McKinsey & Co., que veio para preparar a Virgin para o processo de retomada de suas ações da bolsa e depois tornou-se presidente da Bolsa de Valores de Londres.

Algumas pessoas chegaram a sugerir que Branson está mais sujeito a seus consultores do que sonham até mesmo os conhecedores dos segredos mais íntimos da Virgin. Vários parceiros comerciais se irritam com a recusa de Branson de se prender a contratos e de seu hábito enfurecedor de renegociar os termos do acordo acertado.

Um empresário insatisfeito chegou a alegar que grande parte do fenômeno Virgin é produto de uma "esplêndida manipulação", conduzida por um "santuário interno impenetrável no centro do império".

Se assim fosse, seria um santuário notável, capaz de puxar as cordas de alguém tão voluntarioso quanto Richard Branson.

Forros prateados

Mas há outro aspecto do Branson negociador. Quando se trata de custos de instalação, empresários previdentes tentam cobrir os riscos de queda de preços. Branson, por sua vez, cobre também os riscos de subida. Para ele, toda nuvem tem um forro prateado.

Em 1984, por exemplo, o grupo Virgin lutava para equipar a Virgin Atlantic. A primeira tarefa era comprar um avião. A Boeing tinha um 747 pouco usado parado no deserto do Arizona. Branson tinha certeza de que, de início, não queria possuir um avião (já tinha visto o que acontecera com Freddie Laker quando tentou comprar aviões), mas não desejava incorrer em multas caso a empresa não decolasse. O negócio feito pelos advogados da Virgin não foi direto.[3]

O jumbo seria comprado pelo Barclays Bank, que teria então o direito a abatimentos tributários pela depreciação do aparelho. O Barclays o arrendaria a uma subsidiária do Chemical Bank de Nova York, que, por sua vez, o arrendaria à Virgin Atlantic.

Novo, o avião teria custado cerca de 100 milhões de dólares, mas o preço negociado pelo sócio de Branson, Randolph Fields, foi de 27,8 milhões de dólares. Tratava-se realmente de um bom negócio, principalmente porque a Boeing concordou em recomprar a aeronave por 25 milhões

---

[3]　JACKSON, Tim. *Richard Branson Virgin King: nos bastidores do império dos negócios de Branson*, cit.

de dólares, após um ano ou dois, se a Virgin assim desejasse. Mas isso não era bom o bastante para o presidente da Virgin. Branson não abriu mão das vantagens para a empresa no caso de os preços subirem. Por insistência dele, a Boeing concordou em pagar o preço de mercado pelo avião se a Virgin decidisse vendê-lo.

Barganhe: tudo é negociável

Uma das habilidades menos conhecidas de Richard Branson é a técnica afiada da negociação. Apesar da imagem de bom rapaz — ou talvez por causa dela —, ele raramente chega em segundo lugar em qualquer negócio de que participe. Seu carisma e charme afável ocultam um cérebro calculista. A seguir, as lições da escola Branson de negociação:

- Gente educada chega primeiro. O talento de negociador de Branson e seu grande poder de convencimento são acentuados por um charme fácil, que leva qualquer um, mesmo o mais duro dos negociadores, a baixar a guarda.

- Jamais aceite um não como resposta. A cara de pau de Branson para barganhar tornou-se uma marca da companhia. "Não", "nunca" e "impossível" são palavras que não constam em seu dicionário.

- Fale manso, mas tenha um porrete grande. Apesar de toda a sua bondade, há quem diga que Richard Branson não é nem de longe o empresário com quem é fácil negociar que todos imaginam.

Essa é a opinião de um dos empresários mais bem-sucedidos do século. Seria ingenuidade pensar de outra forma.

- Tenha sempre boa assessoria profissional. Por trás da imagem pública de tranquilidade de Branson esconde-se não apenas um negociador calculista, mas que também sabe o valor real de bons assessores profissionais.

- Cubra sempre a possibilidade de vantagens. Quando se trata de custos de instalação, a maioria dos empresários previdentes tenta cobrir o risco da queda de preços. Branson, por sua vez, cobre também o risco de subida. Para ele, toda nuvem tem um forro prateado.

QUATRO

FAÇA DO TRABALHO UMA DIVERSÃO

"Ele cativa o público e os empregados pela perspectiva inesperada de fazer brilhar com diversão e entusiasmo o mundo cinzento do trabalho."

— Alan Mitchell, em *Leadership by Richard Branson*

Na opinião de Richard Branson, negócios devem ser divertidos. Esse é um fator importante da sede de Branson por trabalho e do sucesso de suas empresas. Criar uma cultura de trabalho excitante é a melhor maneira de motivar e reter bons colaboradores — e de lhes pagar menos. É um recurso útil, em especial quando não se tem uma reputação de inventor brilhante ou de administrador visionário. É muito bom ser inteligente, mas muito trabalho sem diversão não tem graça. É a crença de Richard.

Ao contrário dos gênios da computação — Bill Gates e Steve Jobs —, Branson nunca inventou produto nenhum de natureza revolucionária. Tampouco tem o prestígio corporativo de Jack Welch, ex-CEO da GE, a quem se credita a revolução havida na companhia. As conquistas de Branson são, na verdade, mais difíceis de explicar. Todos os setores em que teve sucesso são convencionais, com pouco em comum, exceto serem maduros e dominados por grandes empresas. Então o que Richard Branson sabe sobre negócios que outros que trabalham nessas companhias convencionais há anos não conseguiram entender? Mais precisamente, o que ele faz que os outros não fazem?

A resposta é que Branson inspira as pessoas. Por inspirá-las, tem a capacidade de motivar aqueles que trabalham com ele e os força até o limite. Branson possui um potencial notável de capacitar pessoas a conquistarem o que não sabiam ser possível conquistar. Branson é realmente bom em criar energia em torno de um objetivo — seja este uma empresa ou a tentativa de bater um recorde mundial. Ele espalha confiança e uma crença de que nenhuma montanha é tão alta que não possa ser escalada. Curiosamente, há quem goste ainda mais disso que de dinheiro (pelo menos por algum tempo).

Já estamos nos divertindo?

Ao longo de sua vida empresarial, Branson conseguiu retratar o trabalho como atividade social. Ir para o trabalho na Virgin não é o tédio que é nas outras companhias, ou pelo menos é nisso que Branson quer que seus funcionários acreditem, e é claramente sua própria crença. "Tiro o melhor das pessoas, faço perguntas e então digo: 'Vamos nos divertir'", explica.[1]

Nos primeiros dias, salários baixos e ambientes de trabalho desorganizados eram compensados por festas de ar-

---

[1]   GERRARD, Nicci. "Why do we love Richard Branson?". *The Observer*, 8 fev. 1998.

romba e uma atmosfera de carnaval. Mesmo hoje, é difícil perceber na companhia a linha entre vida profissional e social. O pessoal da Virgin trabalha muito e se diverte muito.

Há método nessa loucura. Quando se anuvia a fronteira entre trabalho e diversão, como faz Branson, começa-se a derrubar a fronteira entre o que acontece às pessoas na vida particular e o que acontece no trabalho. Pessoas não se queixam de trabalhar horas a fio se acreditarem que estão conquistando algo para si mesmas e para aqueles de quem gostam.

Outro aspecto importante da cultura Virgin é o senso de humor irreverente — algo que se estende aos valores da marca. O próprio Branson tem a fama de fazer brincadeiras não muito sutis. Há uma legião de histórias sobre elas.

Branson sobre o ambiente de trabalho: "Tiro o melhor das pessoas, faço perguntas e então digo: 'Vamos nos divertir'".

Em certa ocasião, diz a lenda, Branson achou que seria divertido fazer uma brincadeira com um de seus gerentes e assessores mais próximos, que viajava por alguns dias. O plano era entrar na casa do gerente à noite e retirar todos os móveis e pertences pessoais, para que, quando voltasse, pensasse que fora roubado.

O que Branson não sabia é que tinha sido descoberto, e que providências haviam sido tomadas para virar o feitiço contra o feiticeiro. Ao chegar ao endereço, Branson foi recebido pela polícia, que prendeu sob protestos o chefe da Virgin e o trancafiou na cadeia, onde passou a noite. De manhã, todo o pessoal da Virgin foi ao distrito para libertá-lo. Quando saiu, foi saudado pelos aplausos de todos.

O senso de humor de Branson já o colocou em má situação em outras ocasiões. Uma de suas brincadeiras favoritas é pegar uma convidada glamorosa e virá-la de cabeça para baixo. Ivana Trump, ex-mulher do bilionário norte--americano Donald Trump, ainda não o perdoou por tê-la pendurado de cabeça para baixo, sobre a piscina, diante de centenas de convidados, em uma festa a rigor.

A história do encontro de 1992 com *sir* James Goldsmith demonstra que Branson às vezes não consegue se conter. É difícil imaginar dois magnatas mais diferentes que Branson e Goldsmith. Branson, o *hippie* que construiu o próprio império, encontrou-se com Goldsmith, o rei das aquisições corporativas. Convidado para o retiro de Goldsmith no México, Branson empurrou o milionário na piscina no primeiro dia — depois de prometer não fazê-lo — e foi imediatamente convidado a se retirar. O único comentário de Joan Branson foi "graças a Deus".[2]

Essa história demonstra o desprezo pelo *establishment* empresarial. (Outros já observaram que era um exemplo notável de gestão de pessoas.)

Liberdade de ação

Richard Branson sempre contratou jovens brilhantes sem currículo e lhes deu liberdade para tocar projetos. Por exemplo, nos primeiros dias da Virgin Music, o selo

---

[2]   DAVIDSON, Andrew. "Virgin angel: the rise and rise of Richard Branson". *Sunday Times Magazine,* 30 maio 1993.

da companhia, Branson contratava pessoas sem nenhuma experiência formal, mas que gostavam de música e tinham paixão por produzir discos. Sem supervisão, essas pessoas davam o melhor de si no trabalho para justificar a confiança da companhia. Naqueles dias, era comum as pessoas recusarem propostas que teriam dobrado seus salários. A razão? Gostavam muito de trabalhar na Virgin.

Autonomia — delegar a tomada de decisões a pessoas em posições de menor autoridade na organização — tornou-se uma tendência dominante entre os gurus da administração nos anos 1980, mas sempre aconteceu na Virgin. Desde o início, Branson se cercou de gente de talento e lhe deu liberdade de ser criativa. Inúmeras vezes, esses indivíduos recompensaram a confiança com resultados impressionantes.

Veja o exemplo de Simon Draper, primo sul-africano de Branson e há muito chefe do selo Virgin. Foi Draper quem descobriu vários dos maiores sucessos da Virgin, incluindo Mike Oldfield, Tangerine Dream e Culture Club, entre outros. Ainda assim, quando veio para a companhia, não tinha experiência formal, apenas o entusiasmo pela música para orientá-lo. Draper teve de dizer a Branson que alguns artistas não se ajustavam à imagem *avant-garde* do selo. Durante muitos anos, a Virgin Music, por causa, em grande parte, da liberdade dada a Draper para contratar os artistas que quisesse, financiou na totalidade o império empresarial.

Abordagem semelhante está presente em todos os níveis da organização, onde os empregados têm poder de decisão muito maior que o de pessoas do mesmo nível hierárquico em outras companhias. As tripulações da Virgin Atlantic fazem muito mais uso da iniciativa própria do que aquelas de outras companhias aéreas, que têm de seguir, ao pé da letra, as normas da empresa.

Branson utiliza o ambiente físico do trabalho para reforçar a cultura Virgin. As companhias que compõem o grupo são instaladas em edifícios — geralmente casas grandes em vez de edifícios — que evocam informalidade. Já foram comparados a "retiros *hippies*".[3]

Branson também usa uma estrutura "frouxa" e pouco ortodoxa para dar rédea solta aos funcionários. O grupo Virgin é composto de um punhado de companhias pequenas que operam de forma independente. Isso lhes dá mais liberdade de manobra. Os empregados geralmente trabalham mais em empresas pequenas, em que a contribuição integral é vital para o sucesso de todos. Na Virgin não há espaço para aqueles que se limitam a seguir a corrente nem para turistas.

Como estão sempre em uma competição amistosa com outras partes do grupo, as várias empresas são incentivadas a se comportar de maneira mais empresarial, o que também restringe a interferência do centro, tornando mais difícil a intromissão de executivos do grupo (com exceção do próprio Branson). Desse modo, Branson criou o modelo clássico "dividir para reinar", que lhe permite dar iniciativa às pessoas, mas manter controle absoluto, preservando também sua condição *cult*.

---

[3]   KAYE, Mark; e YE, Danzhao. "Behind Virgin's success: how Richard Branson motivates people". Artigo acadêmico.

Pode me chamar de Richard

Para o colaborador médio da Virgin, Branson, presidente e principal acionista da companhia, é apenas Richard. Segundo ele, o segredo para lidar com pessoas é elogiar em vez de criticar (o que também se aplica à criação de filhos: "Filhos e companhias florescem com elogios"[4]).

Nos primeiros dias da Virgin, quando os empregados queriam formar um sindicato, Branson se sentiu realmente magoado. Ele queria que todos os funcionários pudessem discutir pessoalmente os problemas com ele. Acima de tudo, esperava que confiassem nele.

Pessoas que visitam seu escritório em Holland Park já observaram que Branson é muito cortês com quem trabalha com ele. Todos trabalham duro, mas, ao contrário de outros presidentes de empresa, Branson resiste à tentação de dar ordens às secretárias e aos assistentes como se fossem seus escravos. É muito fácil falar com Branson, e as pessoas que vão à sua sala têm a mesma probabilidade de falar direto com ele que a de falar com sua secretária ou assistente.

Branson sobre gestão de pessoas: "Filhos e companhias florescem com elogios".

Como explica Simon Lester, ex-diretor executivo da Cott Europe, companhia que fornece à Virgin a técnica e a fórmula original da Virgin Cola: "Ele é mesmo um cara extraordinário, que sempre surpreende

---

[4] MITCHELL, Alan. *Leadership by Richard Branson*. Amrop International, 1995.

pelo comportamento. Quando nos chamou pela primeira vez, ele telefonou diretamente: nada de secretária, nada de bloqueios corporativos, o que impressiona as pessoas de imediato e faz pensar: como é incomum, como é diferente.

E, quando o encontra, você espera encontrar esse ícone moderno, incrível e poderoso, mas ele é apenas um indivíduo encantador, de uma forma muito comum. Ele gagueja um pouco. Não gosta do jogo de poder. É só um sujeito simpático. E no fundo você sabe que ele é uma das pessoas mais determinadas e cheias de energia que você poderia querer encontrar".

Foi essa falta de pompa que permitiu a Branson, o meninão público de criação privilegiada, obter a adoração de seu pessoal, bem como a do público. Sua popularidade cruza as fronteiras de classe. Mas é mais que isso. As pessoas veem em Branson um líder empresarial motivado por fins mais nobres, alguém que incorpora um conjunto de valores e está preparado para defendê-lo. Essa é uma imagem que Branson cultiva por lhe oferecer o contrapeso à farra.

Quem não trabalha não come

Festas e brincadeiras não substituem o trabalho duro, é claro. O que conseguem é estabelecer a disposição e a cultura da Virgin. O outro lado da equação é o senso de desafio. Ao inspirar sua equipe, Branson obtém dela desempenho excepcional, com níveis de vendas e lucros acima da média dos setores nos quais opera. Nesse ponto, é importante dizer como está estruturado o império Virgin.

Branson explica: "Quando uma companhia atinge determinado tamanho, em vez de deixá-la continuar crescendo, e de instalá-la em escritórios cada vez maiores, chamo, digamos, o gerente de marketing assistente, o diretor assistente, o gerente de vendas assistente e digo a eles: agora vocês passam a ser administradores da nova companhia. Foi o que se deu com a Virgin Records, que foi dividida em cinco companhias".[5]

Essa política de promover indivíduos de talento incentiva o pessoal da Virgin a dar tudo de si na esperança de ser notado pelo presidente da companhia e ter uma oportunidade de brilhar de verdade. Contudo, mais uma anedota mostra o outro lado de Branson: o do mestre da motivação, forçando os empregados até o limite. Branson gosta de tentar o impossível. Em certa ocasião, telefonou para o diretor de marketing da Virgin Atlantic e lhe pediu que colocasse um anúncio no *Evening Standard* de Londres, mas foi informado de que já era tarde, que haviam perdido os prazos do jornal. Mesmo assim, Branson insistiu para o diretor de marketing fazer o possível. Descrente, o empregado passou toda a manhã ao telefone. Por meio de um esforço sobre-humano, revirando mundos e fundos, o anúncio foi publicado na última edição do *Standard*. Ao ouvir isso, Branson agradeceu ao diretor pelo esforço; mas havia um tom inegável de triunfo quando o fez.[6]

---

[5]　Entrevista à revista *Inc.*, nov. 1987.

[6]　JACKSON, Tim. *Richard Branson Virgin King: nos bastidores do império dos negócios de Branson*. 2. ed. São Paulo: Negócio Editora, 1997.

O recado é claro. Branson quer e espera que as pessoas à sua volta deem o máximo de si para atingir os objetivos definidos por ele, em vez de discutir a possibilidade de alguma coisa poder ou não ser feita. Mas fazer o impossível é parte da cultura da Virgin, algo que é reforçado pelos feitos do próprio Branson em barcos de alta velocidade ou em balões de ar quente.

A mágica viagem misteriosa

Parte da atração da Virgin como empregadora e como marca de consumo é a promessa de aventura. Tudo o que tem a ver com a imagem grandiosa do fundador ressoa com os heróis das histórias infantis. Parte Biggles*, parte pirata, Branson se arrepia com diversão e aventura — algo que levou a todas as atividades nas quais a marca Virgin está representada.

Há também uma aura de aventura em fazer algo novo. "Do que eu mais gosto é aprender", diz Branson. "Quando sinto que já sei o que há para saber sobre telecomunicações, empresas aéreas ou cosméticos — qualquer assunto —, passo para outro tema. É como estar na universidade, que eu nunca frequentei, e fazer cursos rápidos."[7]

O fenômeno Virgin, para ele, é como uma mágica viagem misteriosa. É uma viagem que já dura 35 anos. Se a

---

* Referência a James Bigglesworth, mais conhecido nos círculos aeronáuticos como "Biggles", piloto e aventureiro fictício criado por W. E. Johns. (N.T.)

[7] GERRARD, Nicci. "Why do we love Richard Branson?". cit.

Virgin falisse — "e quase faliu na época dos truques sujos, e foi por isso que tive de vender a companhia de discos" —, Branson não ia ligar muito. "Encho a mochila e levo a família em uma aventura. América do Sul. Nunca estive na América do Sul. Seria bacana."

Todavia, à medida que mais pessoas entram no ônibus, aumenta a pressão sobre o motorista para levá-las a um lugar diferente — um lugar divertido, mas também animador e preservado dos excessos do capitalismo.

Até agora Branson conseguiu convencer clientes e funcionários a tomar o ônibus da Virgin apenas porque oferecia uma aventura diferente daquela proposta pelos ternos. No futuro, ele pode descobrir que os passageiros esperam dele uma destinação definida — quem sabe uma versão mais terna e interessada do que seja o mundo dos negócios. Esse legado parece ocupá-lo mais hoje do que antes.

A cada dia Branson parece sentir que dele se espera algum tipo de explicação de aonde a aventura vai chegar. Isso começa a aparecer em sua retórica. A grande pergunta para ele é qual o destino de sua versão de negócios. O império vai simplesmente se reduzir a pó quando Branson for substituído ou ele conseguiu construir um monumento duradouro para uma nova forma de capitalismo?

Pede-se ao aventureiro impetuoso que coloque o olho bom no telescópio e descreva o mundo que vê no horizonte. Branson começa a pensar sobre o significado de tudo e de seu lugar na história.

Ele admira o que considera serem outras empresas com as mesmas preocupações. Detecta um espírito irmão na excêntrica Southwest Airlines. Como explicou recentemente: "Os funcionários da Southwest compraram participação na companhia por causa do que ela representa. Uma lei que propõe o aumento das taxas aeroportuárias, por exemplo, não é vista apenas como uma afronta à sua lucratividade; é também uma afronta ao idealismo deles. Eles estão firmemente ancorados na ideia de que lucratividade é o precursor da segurança no emprego, do retorno ao acionista, do investimento na comunidade. Estão nos negócios para criar uma diferença. Uma marca deveria representar isso".[8]

Faça do trabalho uma diversão

Na opinião de Richard Branson, negócios devem ser divertidos. Criar uma cultura de trabalho excitante é a melhor maneira de motivar e reter bons colaboradores — e de lhes pagar menos. A técnica Branson de gerir pessoas oferece as lições a seguir:

- Divertir-se dá lucro. Ir para o trabalho na Virgin não é o tédio que é nas outras companhias, ou pelo menos é nisso que Branson quer que seus funcionários acreditem, e é claramente sua própria crença.

- Deixe seus empregados à vontade. Branson sempre se cercou de gente talentosa, a quem deu a liberdade de ser criativa. Inúmeras vezes esses colaboradores recompensaram a confiança com resultados magníficos.

---

[8]   BRANSON, Richard. "The money programme". *BBC*, jul. 1998.

- Incentive a informalidade — use o primeiro nome. Para o colaborador médio da Virgin, Branson, presidente e principal acionista da companhia, é apenas "Richard".

- Entusiasmo é contagioso. Ao inspirar sua equipe, Branson obtém dela desempenho excepcional, com níveis de vendas e lucros acima da média dos setores nos quais opera.

- Faça dos negócios uma aventura. Parte da atração da Virgin como empregadora e como marca de consumo é a promessa de aventura.

CINCO

FAÇA O MELHOR PELA SUA MARCA

"Acredito que quase não haja limites para o
que uma marca seja capaz de fazer, mas só
se for usada adequadamente."

— Richard Branson

Uma das perguntas feitas com maior frequência sobre a Virgin é até onde se pode ampliar sua marca. Alguns acreditam que, ao colocar o nome Virgin em uma gama tão grande de produtos e serviços, Branson se arrisca seriamente a diluir a marca.

A resposta de Branson a essas críticas é que, desde que a integridade da marca não seja comprometida, ela é infinitamente elástica.

A força da marca foi demonstrada por uma pesquisa de 1997. Segundo ela, 96% dos consumidores britânicos já tinham ouvido falar da Virgin e 96% sabiam que Richard Branson era seu fundador.

"O grupo Virgin é um fenômeno único no cenário empresarial britânico", disse um comentarista. "Tem essencialmente um único ativo principal, na verdade intangível — o nome. De serviços financeiros, passando por empresas aéreas e ferrovias, até *megastores* de entretenimento, bebidas não alcoólicas, roupas e salões para noivas, a marca é reconhecível de imediato pelo consumidor, gerando uma imagem de elegância e boa qualidade, a preços baixos, que poucas marcas são capazes de emular."[1]

Branson pretende manter tudo assim. Mas reconhece que a estratégia da Virgin poderia não funcionar para qualquer marca; ela se baseia no que ele chama de "atribuição reputacional" de marca, e não em atribuição tradicional de marca a produtos e serviços.

A marca viaja

Tendo originalmente como alvo pessoas mais jovens, hoje a Virgin tem um público mais amplo. À medida que Branson amadurecia, também amadurecia a atração da marca. "Há quatro anos cruzamos a linha e passamos a buscar os pais deles", diz Branson. "Mas temos de tomar cuidado para não perder os jovens. Gostaria que as pessoas sentissem que a Virgin é capaz de atender à maior parte de suas necessidades. A coisa mais crítica é nunca podermos desapontá-las."[2]

Em meados dos anos 1990, a Virgin parecia estar em toda parte. Tinha se tornado tão onipresente que não se passava um dia sem que se visse um sorridente Richard Branson lançando um novo produto ou serviço. O famoso *V* voador havia se afixado em aviões, nas fachadas de

---

[1]   RODGERS, Paul. "The Branson phenomenon". *Enterprise,* mar./abr. 1997.

[2]   Idem.

megastores e nos cinemas, e estava pronto para fazer o *début* nas latas de refrigerantes à base de cola.

Toda essa atividade levou algumas pessoas a questionarem a estratégia da companhia. Quem compreendia quem era ele, reconhecia que Branson havia criado um tipo totalmente novo de proposta de marca. John Murphy, presidente da famosa consultoria de marcas Interbrand, por exemplo, observou que: "A menos que eles envenenem alguém ou comecem a aplicar a marca a produtos inadequados, como fundos de pensão ou fotocopiadoras, duvido que a marca Virgin se dilua". Mal sabia ele que por volta de 1996 a Virgin Direct estaria oferecendo serviços financeiros — incluindo fundos de pensão.

Ampliar a marca

Branson critica a visão tradicional de marca no Ocidente. Para ele, a abordagem da Virgin é semelhante à das companhias japonesas. Referindo-se à decisão da Mars, empresa voltada à produção de doces e outros alimentos, de não usar sua marca famosa em rações para animais, ele disse: "O que chamo de ´Síndrome de Mars´ contagia todo departamento de marketing e agência de publicidade do país. Eles acham que as marcas só se relacionam a produtos e que há um limite para o tanto que se pode ampliá-las. Parecem ter-se esquecido de que ninguém vê problema em tocar um piano Yamaha depois de ter dirigido no mesmo dia uma motocicleta Yamaha, ou de ouvir um rádio Mitsubishi em um carro Mitsubishi, ao passar diante de uma agência do Banco Mitsubishi.

Branson sobre ampliar marcas: "Ninguém vê problema em tocar um piano Yamaha depois de ter dirigido no mesmo dia uma motocicleta Yamaha, ou de ouvir um rádio Mitsubishi em um carro Mitsubishi, ao passar diante de uma agência do Banco Mitsubishi".

"A ideia de uma marca cruzar estruturas corporativas e áreas de produto [...] encontrou sua manifestação moderna no modelo administrativo japonês *keiretsu*, em que empresas diferentes agem como uma família sob uma única marca".

A questão a ser entendida por empreendedores de marcas é que o aspecto mais importante da proposta da marca Virgin é a credibilidade em seu segmento de mercado. Da mesma forma que os produtos e serviços Virgin existentes oferecem credibilidade às novas ofertas, a relação entre os produtos e a marca Virgin poderia operar ao contrário. Se sua imagem fosse maculada por associação com produtos ou serviços de má qualidade, então a condição da marca Virgin seria prejudicada.

Branson não tem medo de agir para proteger a marca em uma situação semelhante. O nome Virgin foi envolvido em uma controvérsia relativa a vendas fraudulentas, quando a London Energy e sua parceira on-line, Virgin Energy, foram multadas pelo órgão regulador Ofgem. A Virgin agiu para proteger sua marca, e o resultado é que a Virgin Home Energy on-line já não faz mais vendas de energia.

Do mesmo modo, a incursão no mercado ferroviário do Reino Unido não foi propício à marca Virgin. Em novembro de 2006, circularam histórias na mídia de que perguntaram aos passageiros em um trem Virgin se por acaso eles tinham parafusos e porcas para ajudar a consertar um limpador de para-brisa defeituoso.

O tempo há de dizer se as críticas à Virgin Trains serão capazes de produzir prejuízo duradouro à marca. No entanto, com as melhorias recentes dos serviços, isso é pouco provável.

Manter a confiança

Brincadeiras à parte, Richard Branson leva muito a sério a reputação da marca Virgin. "Uma marca é tão boa quanto sua reputação. A nossa tem um valor enorme."

O que talvez seja único no caso da marca Virgin é o fato de ela ser, como declara um dos *slogans* da companhia, "uma relação vitalícia". Will Whitehorn, diretor de assuntos corporativos da administração da Virgin e amigo de longa data de Branson, observa: "Na Virgin, sabemos o que a marca significa e, quando a colocamos em algo, estamos fazendo uma promessa. É uma promessa que sempre cumprimos e que vamos continuar a cumprir. É mais difícil trabalhar para cumprir promessas do que para fazê-las, mas não existe uma fórmula secreta. A Virgin não abre mão de seus princípios e mantém suas promessas".

Em várias ocasiões, Branson já reconheceu que o ativo mais valioso da Virgin é sua reputação. Colocar o nome Virgin em algum produto que não atenda às expectativas leva toda a companhia ao descrédito. "Nosso cliente confia em nós", diz ele.

Então a filosofia de Branson é: cuide bem de sua marca e ela permanecerá. Mas existe, e sempre existiu, uma tensão no coração da marca Virgin. Apesar de toda a ênfase inegável na integridade do nome Virgin, uma das características pessoais de Branson — que se tornou uma característica do que a marca representa — é uma certa agitação. Ele tem um desejo insaciável de explorar novas áreas. Está no sangue a necessidade de expandir as fronteiras do império. Ainda assim, é vital que isso seja feito sem prejudicar o bom nome da companhia, o que cria um dilema, do qual Branson tem plena consciência.

"Estamos expandindo e aumentando o uso da marca, mas temos sempre em mente o fato de que só podemos colocá-la em produtos e serviços que se ajustem — ou venham a se ajustar — aos nossos critérios rigorosos."

Em anos recentes, Richard Branson pensou muito sobre o que a marca Virgin representa. Ele acredita que a reputação construída pela companhia se baseia em cinco fatores principais: valor pelo dinheiro; qualidade; desafio competitivo; inovação; e senso de diversão indefinível, mas palpável. (Uma segunda versão dos valores da marca Virgin é: genuína e divertida; contemporânea e diferente; defensora dos consumidores; primeira classe a preços de classe executiva.)[3]

Em um exemplo clássico de engenharia reversa, são esses os valores que a Virgin aplica quando considera novos negócios.

---

[3] CAMPBELL, Andrew; e SADTLER, David. "Corporate break-ups". *Strategy & Business*, terceiro trimestre, 1998.

Branson diz que qualquer produto ou serviço novo deve ter os seguintes atributos, ou pelo menos a perspectiva de tê-los no futuro:

- Deve ter a melhor qualidade.

- Deve ser inovador.

- Deve oferecer o maior valor pelo dinheiro.

- Deve desafiar as alternativas existentes.

- Deve acrescentar um sentido de divertimento e ousadia.

A Virgin alega que vários projetos que avalia são potencialmente muito lucrativos, mas não se ajustam aos valores do grupo e são rejeitados.[4] No entanto, de acordo com Branson, "se uma ideia satisfizer pelo menos quatro desses cinco critérios, vamos examiná-la com cuidado".

Fazer ondas

Quem tem uma grande marca e vê surgir uma oportunidade de mercado não deve permitir que coisas pequenas, como não ter experiência naquele mercado, sejam um obstáculo. Segundo Branson, "se você sabe motivar e tratar as pessoas, não importa se investe em uma empresa aérea, em bebidas não alcoólicas ou na indústria de filmes. As mesmas regras sempre valem.

---

[4]   Literatura do grupo Virgin.

"No entanto, nunca se deve entrar em uma indústria com a finalidade de apenas ganhar dinheiro. É preciso acreditar com paixão ser possível mudar a indústria, virá-la de cabeça para baixo, certificar-se de que ela jamais será a mesma. Com as pessoas certas e essa convicção, tudo é possível. E então você pode ignorar quem insiste nos perigos de ampliar a marca".

Mas, recentemente, a crença de Branson de que tem condições de mudar a forma como operam algumas indústrias tem sido pressionada. Os negócios de trens da companhia — em especial na rede ferroviária britânica — atraíram críticas.

Branson sobre a reputação da marca: "Quando se é apoiado por vinte ou trinta anos de boa reputação, o público passa a conhecer você como um irmão ou uma irmã".

Após a excitação inicial de que a Virgin traria um sopro de renovação e pontualidade a partes da não pontual rede ferroviária, os viajantes se desapontaram. Os serviços da Virgin ganharam rapidamente a fama de serem ruins e atrasados. Branson explicou que seriam necessários cinco anos para ajustá-los ao padrão esperado pela Virgin (e a evidência recente de melhorias sugere que ele estava certo). Alguns críticos afirmaram que a aventura seria danosa para a marca. Branson acredita que o bom nome da Virgin é mais forte.

"Quando se é apoiado por vinte ou trinta anos de boa reputação, o público passa a conhecer você como um irmão ou uma irmã. Conhece você e os pontos fortes da companhia — conhece suas fraquezas. Uma marca construída sobre essa reputação deve ser capaz de suportar um erro eventual e sair dele mais forte."[5]

Rosto com barba

Existe outro ingrediente intangível, mas vital, do *mix* de marketing de Branson. Em tudo o que faz, a Virgin acrescenta uma dose de divertimento e ousadia. "Nos primeiros dias, a marca Virgin era vista como um tanto imprópria. Durante três ou quatro anos não conseguimos nem mesmo registrá-la no Departamento de Patentes, porque eles achavam que ela era 'grosseira'.

"Mas às vezes é preciso assumir riscos no desenvolvimento de uma marca. A EMI sentiu que ter os Sex Pistols em seu acervo seria prejudicial à reputação da companhia. Entretanto, achamos que era a pedida certa para tirar a Virgin da era *hippie* e atrair artistas mais modernos. Os processos nos tribunais por causa do título do disco *Never mind the Bollocks, here's the Sex Pistols* só ajudaram a fortalecer a imagem da Virgin."

E não foram apenas as capas dos discos da Virgin que irritaram o *establishment*. Todo produto ou serviço da Virgin tem uma abordagem um tanto insultuosa. Não que a companhia faça as coisas de forma pouco profissional — longe disso. Ela só tem senso de humor. Em geral, esse humor se manifesta à custa do seu venerável presidente.

---

[5] BRANSON, Richard. "Money programme" (palestra). BBC, jul. 1998.

Consideremos, por exemplo, a campanha de publicidade da companhia de serviços financeiros Virgin Direct. Na época, um dos principais bancos do Reino Unido mantinha uma campanha publicitária baseada na imagem sensata e calma de seu executivo número um. A Virgin ofereceu imagens da década de 1960, do ar jovem e irreverente de Richard Branson usando óculos de Joe Ninety e um corte de cabelo infernal. A mensagem? Presumivelmente, a de que empreendedores irresponsáveis acabam amadurecendo.

Houve então o anúncio em página dupla no *The Times* e em outros jornais importantes. A imagem promocional para as roupas da grife Virgin mostrava um sorridente Branson vestindo uma de suas calças mais escandalosas. A legenda: "Giorgio faz moda. Ralph faz moda. Calvin faz moda. Richard, não".

Faça o melhor pela sua marca

Uma das perguntas feitas com maior frequência sobre a Virgin é até onde se pode ampliar sua marca. A resposta de Branson é que, desde que a integridade da marca não seja comprometida, ela é infinitamente elástica. A estratégia da Virgin é baseada no que ele chama de "atribuição reputacional" de marca, e não em atribuição tradicional de marca a produtos e serviços. As lições de Branson, mestre das marcas, são:

• Uma boa marca viaja. A onipresença da marca Virgin já levou alguns comentaristas a se perguntar se ela não estaria se diluindo. Mas quem compreende

Branson reconhece que ele criou uma proposta totalmente nova de marca.

- A elasticidade da marca é infinita. O aspecto mais importante da proposta da marca Virgin é a credibilidade em seu segmento de mercado. Os produtos e serviços Virgin existentes oferecem credibilidade para novas ofertas.

- Ame, honre e aprecie sua marca. Branson reconheceu várias vezes que o ativo mais valioso da Virgin é sua reputação. Sua filosofia é: cuide bem de sua marca e ela permanecerá.

- Regras existem para serem quebradas. Quem tem uma grande marca e vê surgir uma oportunidade de mercado não deve permitir que coisas pequenas, como não ter experiência naquele mercado, sejam um obstáculo.

- Uma pitada de sal melhora o sabor. A Virgin acrescenta um pouco de diversão e ousadia em tudo o que faz. Não que a companhia faça as coisas de forma pouco profissional — longe disso. Ela só tem senso de humor.

SEIS

SORRIA PARA AS CÂMERAS

"Há quem acredite que, a seu modo encantadoramente caótico, Branson controla a mais brilhante operação de relações públicas da Grã-Bretanha."

— Andrew Davidson, jornalista

Talvez ele não dê a impressão de ser uma máquina de relações públicas muito bem afinada, mas Richard Branson se transformou em um logotipo ambulante e falante. Enquanto o McDonald's tem Ronald McDonald, um palhaço de 1,80 metro e cabelos vermelhos, e a Disney, um camundongo, a Virgin tem o presidente. Toda vez que sua foto aparece em um jornal ou revista, ele promove a marca Virgin.

É totalmente deliberada e, provavelmente, uma das mais eficazes estratégias promocionais empregadas pela companhia. É claro que o risco para a reputação da marca é alto caso a imagem pessoal de Branson seja maculada. Mas até hoje[1] ela tem sido muito bem-sucedida, permitindo a ele construir a marca Virgin com um orçamento de propaganda extremamente baixo.

---

[1] E apesar de uma acusação de assédio sexual.

Ao calcular o valor propagandístico da tentativa de circum-navegação do globo em um balão de ar quente, um publicitário norte-americano disse: "Não há zeros suficientes para esse cálculo".

É essa capacidade de orquestrar publicidade para suas empresas que, talvez mais que qualquer outro fato, separa Richard Branson de todos os líderes empresariais. Nem mesmo gente como Anita Roddick, Bill Gates ou Ted Turner consegue gerar o mesmo volume de imagem positiva de Richard Branson. Relações públicas é um dom especial de Branson.

Como observa Tim Jackson, autor de *Richard Branson Virgin King: nos bastidores do império dos negócios de Branson*, "conseguir uma boa cobertura da imprensa sempre foi tão importante para Branson quanto fechar o livro-caixa no final do ano. Desde o primeiro ano como editor da revista e vendedor de discos, Branson soube que descrever suas empresas como bem-sucedidas e em expansão poderia torná-las uma profecia autorrealizada".

No entanto, com o lançamento da Virgin Atlantic Airways, ele aprendeu um truque novo. Todos os anos, as grandes empresas aéreas gastam literalmente milhões de dólares em propaganda. Branson logo percebeu que havia apenas um meio de sobreviver: gerar uma série de aventuras ousadas e truques de propaganda. Aparentemente, a decisão de tentar a *Fita Azul* — tentativa de quebra do recorde de velocidade na travessia do Atlântico — foi tomada quando Branson descobriu que não teria condições de arcar com o custo da propaganda de sua nova empresa aérea na TV de Nova York.

Essa é uma tática que Branson vem usando com notável efeito desde então, dedicando um quarto do seu tempo a atividades de relações públicas.[2] Mas há sinais de que, ultimamente, a atividade incansável de RP de Branson esteja perdendo força.

Garanta a primeira página

Enquanto outras companhias gastam enormes somas de dinheiro em propaganda, Branson gera gratuitamente muitos centímetros na imprensa. E, enquanto outras empresas arcam com os altos custos dos escritórios de RP para organizar a cobertura dos eventos de mídia, Branson produz um artigo muito mais valioso: notícias.

O segredo de suas campanhas de publicidade é uma compreensão instintiva do que atrai a mídia. Para dar publicidade ao lançamento de sua companhia aérea, por exemplo, Branson se apresentou à entrevista coletiva usando um capacete de piloto de couro marrom, ao estilo Biggles. Os editores adoraram e estamparam nos jornais, na primeira página, a fotografia de Branson. A história gerou tanto interesse público que a Virgin não precisou fazer propaganda dos primeiros voos.

E, é claro, quando foi anunciado em Nova York, em 2005, o vencedor da competição Volvo e Virgin Galactic — primeiro prêmio: uma viagem ao espaço —, lá estava Branson,

---

[2]   MITCHELL, Alan. *Leadership by Richard Branson*. Amrop International, 1995.

> "Desde o primeiro ano como editor da revista e vendedor de discos, Branson soube que descrever suas empresas como bem-sucedidas e em expansão poderia torná-las uma profecia autorrealizada".

o conhecido sorriso quase invisível atrás da roupa de astronauta.

Desde então, os eventos de mídia de Branson aumentaram de escala. Para lançar a Virgin Cola nos Estados Unidos, por exemplo, ele surgiu com um tanque de guerra em uma movimentada rua de Nova York e demoliu uma parede de latas de refrigerantes à base de cola. Não houve surpresa em relação à companhia que apareceu em todos os noticiários do dia seguinte.

Mas suas performances ousadas e o ritmo estonteante escondem, na verdade, um temperamento acanhado. Nos primeiros dias, Branson fazia tudo para evitar uma entrevista com jornalistas. Para quem não o conhece, a ideia de que Branson seja tímido parece ridícula. Uma observação mais atenta, porém, revela que, sob certos aspectos, embora seja um exibicionista, ele também é reservado e desajeitado. De fato, Branson tem o dom do ator. Diante das câmeras, é o homem que desempenha um papel escrito para ele. O próprio Branson o reconhece e insiste em que tem de se obrigar a ser esse ator.

"Até a época do lançamento da empresa aérea, eu era razoavelmente tímido. Não gostava de entrevistas, evitava a imprensa. Obedeci ao conselho de minha mãe e deixei minhas empresas falarem por si mesmas. Todavia, quando decidimos fundar a empresa aérea, Freddie Laker disse que, se ia enfrentar a American, a United e a British Airways, eu jamais poderia dispor do orçamento de propaganda que elas têm [...] mas que, se me fizesse de tolo, teria todas as primeiras páginas."[3]

Na realidade, a timidez de Branson aumenta sua atração. Onde outros magnatas parecem pomposos e importantes, Branson irradia entusiasmo infantil. O fato de sua *persona* pública ter sido criada e ir contra sua natureza torna tudo ainda mais impressionante. Ele é um ícone da mídia que se fez sozinho.

Mas não há dúvida de que o senso de Branson para as relações públicas é um dom. Sua capacidade instintiva de reconhecer e explorar uma oportunidade de mídia lhe permite derrotar os homens de negócios sóbrios e conservadores os quais o público se acostumou a ver. Tendo ensaiado ou não, Branson consegue parecer "natural" e até "espontâneo", mesmo quando se sabe que ele respondeu às mesmas perguntas o dia inteiro.

Seu instinto lhe permite evitar os clichês de RP em que toda figura pública acaba caindo. Sua fala tímida e recheada de "hums" e "ehs" parece natural e não ensaiada. Branson também tem uma franqueza que atrai simpatia. O que ele tem e falta aos outros é credibilidade — algo que retém mesmo quando se envolve em um exercício evidente de RP.

Quando lhe perguntam se a alta proporção de empregados negros e asiáticos é resultado de uma política deliberada de não discriminação, ele responde: "Talvez devesse ser, mas apenas aconteceu assim". Quando lhe mencionaram uma reportagem que negava serem suas companhias sediadas no

---

3 HATTERSLEY, Roy. "I'm Richard, fly me". *The Guardian*, 20 jun. 1998.

Onde outros magnatas parecem pomposos e importantes, Branson irradia entusiasmo infantil.

exterior para fugir dos impostos britânicos, ele respondeu: "Não é verdade. A decisão se baseou no peso dos impostos".

Não existe preparação prévia capaz de oferecer passagem tão tranquila por um terreno potencialmente minado.

Às vezes, o drama é extremamente real. Quando sua tentativa de circum-navegar o globo em um balão de ar quente fracassou de forma perigosa, com o *Global Challenger* caindo a uma velocidade de 600 metros por minuto, ninguém teve dúvidas de que a vida dos tripulantes — Branson entre eles — estava em perigo. Durante o desenrolar do drama, Alex Ritchie, engenheiro de 52 anos do projeto e substituto de última hora do terceiro tripulante, subiu heroicamente no bojo do balão para lançar fora o excesso de peso, evitando assim o desastre. A tentativa de bater o recorde havia fracassado, mas comercialmente foi um triunfo.

A viagem de pouco mais de 600 quilômetros havia custado 3 milhões de libras. Mas ninguém no mundo do marketing tinha a menor dúvida de que aquele foi um dinheiro bem gasto. Referindo-se a uma campanha da Pepsi Co. de 300 milhões de libras que exigiu, entre outras coisas, pintar o Concorde de azul, um especialista britânico em RP afirmou que, simplesmente por ter saído do chão, Branson tinha "superado a Pepsi quatro vezes".[4]

---

[4]   BROWN, Mick. *Richard Branson: the authorized biography.* 4. ed. UK: Headline, 1998.

Uma história destaca essa capacidade de Branson para as relações públicas. Na segunda e bem-sucedida tentativa de trazer de volta a *Fita Azul* para a Inglaterra pela travessia mais rápida do Atlântico, a equipe da Virgin em terra firme se ocupou, durante a viagem, de relacionar todas as mídias nacionais e regionais do Reino Unido. Do quartel-general instalado em uma das lojas de discos Virgin, ela chamava os editores um a um e oferecia uma entrevista ao vivo com Branson a bordo do *Virgin Atlantic Challenger II*.

Enquanto Branson respondia às perguntas de um jornal, o seguinte já estava recebendo informações da equipe de terra e esperando para fazer contato. O comandante do *Challenger* manteve essa atividade por várias horas, respondendo às mesmas perguntas e contando as mesmas piadinhas inúmeras vezes para obter o máximo de cobertura. Finalmente, ele se voltou para Chay Blyth, iatista da volta ao mundo que o acompanhava na tentativa de quebra do recorde, e disse: "Isso está ficando chato. Precisamos dizer alguma coisa diferente". "Acabamos de passar por uma baleia", disse em resposta o astuto iatista. "Onde, onde?", perguntou Branson, excitado. "Eu não vi." Somente depois de olhar para Blyth é que Branson percebeu que, com ou sem baleia, aquela era uma história boa para os jornais. "Claro! Já entendi." Os editores seguintes ouviram a história do enorme animal marinho que passara tão perto do barco. Naturalmente, todos adoraram.

O talento de Branson para uma boa história é tão conhecido que as novas empresas Virgin não têm dificuldade em instigar o interesse da mídia. Dezoito meses antes do lançamento da Virgin Bride, rede de lojas de artigos e serviços para noivas, surgiu um boato em uma imobiliária de West London, o qual, em três dias, chegou a todos os jornais nacionais. A companhia chegou a receber um telefonema do *Los Angeles Times.*[5]

Só dentes e sem calça

Branson é capaz de fazer quase tudo para promover sua marca, o que se complementa com seu desejo de aventura. As atividades que atraem manchetes incluem as tentativas audaciosas de se tornar o primeiro homem a circum-navegar o planeta em um balão de ar quente, que quase lhe custaram a vida, e o estabelecimento do recorde de velocidade para a travessia do Atlântico em uma lancha. Essas tentativas repercutem a mensagem "vida é aventura; vida é diversão" —, que está de acordo com a abordagem dos negócios da Virgin.

Entretanto, o presidente da Virgin é especialmente bom na criação de histórias de impacto visual. Está sempre preparado para se fantasiar e fazer papel de palhaço, quando a maioria dos homens de negócios se leva a sério demais para fazer coisa semelhante. A maior parte dos presidentes de grandes empresas não se permite vestir fantasias para promover seus produtos. Aos olhos do público, é claro, a disposição de Branson de fazer papel de idiota serve apenas para enfatizar quão soberbos são os outros.

Branson diz: "Já vesti todo tipo de fantasia que se pode vestir. Isso transforma uma fotografia de página interna em foto de primeira página. E eles querem mais".

---

[5]   Literatura do grupo Virgin.

Branson sobre fantasias: "Já vesti todo tipo de fantasia que se pode vestir. Isso transforma uma fotografia de página interna em foto de primeira página".

Outro truque ainda mais ousado de Branson é travestir-se, como fez durante o lançamento da companhia aérea — vestiu o uniforme de comissária de bordo — e, mais recentemente, quando posou vestido de noiva, até usando saltos altos, para o lançamento da nova cadeia de lojas para noivas. Quantos outros presidentes de companhia se disporiam a vestir *lingerie* em público?

De fato, entre o pessoal da Virgin as tendências exibicionistas do presidente são bem conhecidas. Ele parece ter paixão por se fantasiar e por se despir em igual medida. Um alto funcionário[6] recorda que a propensão de Branson a se despir chegou ao ponto de, durante uma viagem à Suíça, ele apostar 10 libras para mostrar que seria capaz de esquiar completamente nu. Ninguém apostou, mas ele esquiou nu assim mesmo.

O jornal *Sun* noticiou certa vez que, em um dos fins de semana da Virgin, Branson entreteve os empregados em um restaurante de frutos do mar executando um *striptease* sobre uma mesa, usando meias arrastão e suspensórios de renda. A notícia veio sob a manchete: "*Striptease* chocante do magnata pop de arrastão".

O jornal chegou a conseguir uma foto do incidente, em que se reconhecia Branson pelo suéter estampado que vestia — sua marca registrada.

---

6   JACKSON, Tim. *Richard Branson Virgin King: nos bastidores do império dos negócios de Branson*. 2. ed. São Paulo: Negócio Editora, 1997.

À época, a Virgin era negociada na bolsa de Londres. Uma notícia como essa poderia prejudicar o preço da ação. De fato, naquele mesmo ano, notícias de que Ralph Halpern, presidente de 48 anos da rede de roupas masculinas Burton Group, tivera um caso com uma modelo de 19 anos foram seguidas da queda do preço da ação da companhia.

Mas a reportagem do *Sun* foi favorável. Elogiava o presidente da Virgin pela atitude "simples" e pelo senso de humor, que, brincou o jornal, era "Virgin no ridículo". A única nota de crítica veio de alegações de que a brincadeira teria custado 250 mil libras à companhia (que afirmou que o custo real havia sido mais próximo da metade desse valor).

Na Virgin, os investidores pareceram aceitar que o comportamento de Branson era o que se poderia esperar de alguém que convivia com estrelas pop e *hippies*, comandava sua companhia de um navio e se recusava a vestir terno.

Branson: super-herói

Branson também tem o dom de surgir nos momentos inesperados de comoção pública. Um exemplo aconteceu na Guerra do Golfo, quando um avião e a tripulação da British Airways foram feitos reféns pelas forças de Saddam Hussein. Branson ofereceu ao primeiro-ministro John Major um avião da Virgin para libertá-los. O avião ficou de prontidão durante 24 horas para buscar os reféns.

Poucos dias depois de anunciar que estava deixando a vida pública por pressão da imprensa, a princesa Diana compareceu ao lado de Branson à cerimônia de lançamento de mais uma aeronave da frota da Virgin Atlantic. Diana parecia relaxada e à vontade quando Branson lhe deu um banho de champanhe e a convenceu a vestir um casaco vermelho da Virgin Atlantic. (Gênio de RP não é um termo exagerado quando se fala de Branson.)

Quando o astro pop Boy George se viu em dificuldades por causa do vício em heroína, quem ofereceu a mão paternal? Richard Branson, cujo selo Virgin havia descoberto George em seus dias de Culture Club. Branson escondeu o astro pop dos olhos da mídia e o colocou em uma prestigiada clínica de reabilitação. Os cínicos viram no evento o aproveitamento de grande oportunidade de RP, mas outros viram o chefe da Virgin como um rosto zeloso em meio ao cinismo da música pop.

Em 2006, Branson deu uma virada de qualidade em seu jogo quando anunciou que comprometia seu tempo e bilhões de dólares para ajudar a salvar o planeta da ameaça da mudança climática. Ninguém duvidou da dedicação de Branson a um projeto em que ele faria a diferença. Talvez ele se proponha a ser, de fato, o catalisador capaz de levar muitas outras companhias a enfrentar o problema do aquecimento global.

Filantropia e coleção de selos são duas coisas diferentes

Há outro aspecto de Richard Branson que merece a atenção da mídia. Ao longo dos anos, ele se envolveu em inúmeras atividades comunitárias de alto nível. Conta-se entre elas a concorrência pela concessão para operar a loteria nacional da Inglaterra, cujos lucros seriam doados, na totalidade, a uma fundação de caridade. Há também seu envolvimento na campanha de conscientização da aids, que ensejou o lançamento das camisinhas Mates para desafiar o quase monopólio da marca Durex no mercado britânico, cujos lucros também foram doados à caridade — quando a empresa foi vendida à Ansell, o produto da venda foi destinado à Virgin Healthcare, uma fundação de caridade. Não se pode esquecer ainda o apoio oferecido à campanha contra o fumo destinada às crianças; e seu envolvimento na iniciativa UK2000, do governo do Reino Unido, para ajudar jovens desempregados e limpar o lixo das ruas da Inglaterra.

Houve mesmo o boato de que Branson planejava assumir um importante cargo público e de que entraria na disputa pela prefeitura de Londres. É uma demonstração de sua popularidade o fato de as pesquisas indicarem que ele teria sido a primeira escolha de muitos londrinos.

Essas atividades de "espírito público" revelam o Branson filantropo. Embora sejam, em geral, separadas de seu império empresarial, também geram publicidade ao grupo Virgin, o que levou muitas pessoas a questionar os motivos de Branson.

Evidentemente, várias celebridades são conhecidas pelas razões não tão caridosas de suas obras beneficentes. Astros de cinema, músicos pop e políticos não são avessos a tirar leite de uma ou outra boa causa em troca de um pouco de atenção da imprensa. No entanto, no caso de Branson, essas acusações não procedem. Por certo sua reputação pessoal se beneficiou da defesa de causas nobres, mas suas razões, na maioria, parecem ser genuinamente idealistas.

Afinal, trata-se do homem que, aos 18 anos, fundou o Centro de Aconselhamento ao Estudante para ajudar os jovens a enfrentar seus problemas. Isso em 1968, antes mesmo de ter fundado sua empresa de venda de discos pelo correio, que plantou a semente do império Virgin.

De fato, se há uma área em que Richard Branson não recebeu o crédito merecido é a da obra de caridade. Para um artista da autopromoção tão entusiasta e capaz, ele se mostrou desajeitado quando se tratou da cobertura de suas boas obras. Embora não doe grandes quantias de dinheiro à caridade, Branson cedeu generosamente tempo e energia para apoiar causas nas quais acredita. Já se envolveu em inúmeros projetos públicos.

O UK2000 foi uma iniciativa de reunião de recursos de vários sistemas particulares e públicos para melhorar o meio ambiente na Inglaterra e oferecer experiências significativas a jovens desempregados. A pedido do governo de Margaret Thatcher, Branson aceitou o cargo de presidente. Mas, desde o início, a campanha foi prejudicada por uma imprensa hostil, com os tabloides insistindo em que se tratava de nada mais que um exercício de recolhimento de lixo. Após um ano, Branson abandonou o cargo, lambendo as feridas.

Outra iniciativa de ordem pública envolveu o lançamento de uma linha de camisinhas Mates de baixo preço para sacudir o quase monopólio da Durex. O lançamento da marca Mates foi um sucesso de vendas, que, pela primeira vez, colocou comerciais de preservativos na televisão inglesa. Contudo, apesar de aumentar a consciência pública sobre o HIV, a campanha teve pouco impacto sobre a saúde pública, seu objetivo declarado. Branson foi criticado pela imprensa, mesmo tendo arriscado o próprio dinheiro para lançar um produto cujos lucros se destinavam à caridade. Quando a companhia foi vendida à australiana Ansell, toda a receita de 1 milhão de libras foi usada para lançar a Virgin Healthcare Foundation.

A proposta de Branson para a concessão da loteria londrina também rendeu a ele uma cobertura desfavorável da imprensa. Ainda que insistisse em dizer que não teria lucros com a loteria, e que todos os lucros seriam administrados por uma fundação de caridade totalmente separada do grupo Virgin, Branson não conseguiu fazer o público entender sua mensagem.

É um aspecto interessante da personalidade de Branson ele parecer tão sensível a essas críticas. A maioria das pessoas sob atenção pública espera não ser entendida, mas Branson parece quase ingênuo em relação ao porquê da perseguição da imprensa. De fato, ele pareceu realmente se desapontar com o questionamento dos jornalistas sobre a motivação por trás de suas demonstrações de espírito público. Talvez tenha se acostumado à cobertura positiva. Ou tenha visto no papel de injustiçado a melhor forma de desviar críticas.

Agora você me vê, agora não vê

Quase tão impressionante quanto sua capacidade de roubar a cena quando quer é a capacidade de o presidente do grupo Virgin evitar publicidade negativa para suas atividades empresariais ou ter a vida privada examinada pela mídia. Tal como o Gato de Cheshire de *Alice no país das maravilhas*, Branson parece capaz de desaparecer quando necessário, de forma que apenas seu sorriso continue visível. Enquanto outros com credos empresariais alternativos são punidos pela imprensa quando dão um passo em falso, muitos dos fracassos empresariais de Branson permanecem discretamente ocultos do olhar do público. Roddick, ao que parece, foi penalizada pela aparente hipocrisia e por ter levado muito a sério o que várias pessoas viram como um truque de marketing. Branson, por sua vez, é visto como o meninão travesso e tem o benefício da dúvida, o que talvez explique por que, quando recebeu críticas da imprensa, estas se deveram mais às suas atividades filantrópicas que aos negócios comerciais.

Em grande parte, a cobertura da Virgin pela imprensa é positiva. Outro lado da manipulação da mídia por Branson é sua capacidade de sair de vista quando lhe é favorável. Vez por outra surgem rumores de falta de dinheiro no grupo Virgin e de que Branson teria dado um passo maior que as pernas. O fato de seus negócios serem uma companhia privada, cujos interesses, na maioria, são registrados por meio de holdings no exterior, torna muito difícil a quem está de fora saber de sua verdadeira situação contábil, o que é perfeitamente legal e, do ponto de vista tributário, vantajoso para Branson.

Branson conseguiu manter um véu sobre a operação interna de seu império financeiro. Em 1986, abriu as empresas Virgin na bolsa de Londres, mas decidiu voltar a fechá-las por não ter gostado das restrições impostas pela condição de companhia aberta.

Já foi sugerido que existem dois Richards Branson: o defensor do público conhecido de milhões de pessoas e o homem de negócios conhecido dos parceiros empresariais.

Sua capacidade de sair da ribalta e desaparecer quase por completo da vista do público é parte do segredo de seu sucesso duradouro e da forma como protege seus interesses comerciais de especulações prejudiciais. Da mesma maneira, seus filhos são protegidos do foco da mídia — essa é a tarefa de Joan, sua mulher. Como Branson consegue executar esse truque de ocultação ainda não está claro. Talvez parte da arte de ser o personagem comum seja a capacidade de desaparecer quando necessário. Talvez também o sejam o fato de possuir a própria ilha caribenha onde se esconder e de dar festas excelentes à mídia.

Sorria para as câmeras

Talvez ele não dê a impressão de ser uma máquina de relações públicas muito bem afinada, mas Richard Branson se transformou em um logotipo ambulante e falante. Toda vez que sua foto aparece em um jornal ou revista, ele promove a marca Virgin. Promover sua empresa à moda Branson tem várias características sutis e não tão sutis. Entre elas:

- Entenda o que a mídia quer e dê isso a ela. Enquanto outras companhias gastam enormes somas de dinheiro em propaganda, Branson gera gratuitamente muito espaço na imprensa. E, enquanto outras empresas arcam com os altos custos dos escritórios de RP para organizar a cobertura dos eventos de mídia, Branson produz um artigo muito mais valioso: notícias.

- Pense em figuras. Branson é capaz de fazer quase tudo para promover sua marca. Ele é especialmente bom na criação de histórias de impacto visual.

- Apresente-se. Branson tem o notável dom de surgir nos momentos mais inesperados de comoção pública.

- Lembre-se de que filantropia e coleção de selos são duas coisas diferentes. Ao longo dos anos, Branson se envolveu em inúmeras atividades comunitárias de alto nível. Embora sejam, em geral, separadas de seu império empresarial, também geram publicidade ao grupo.

- Saiba quando se esconder. Quase tão impressionante quanto a capacidade de Branson de roubar a cena quando quer é a sua capacidade de evitar publicidade negativa para suas atividades empresariais.

SETE

NÃO LIDERE CORDEIROS, PASTOREIE GATOS

"Os funcionários da Virgin não são meros contratados. Não são peões gerenciais de um gigantesco jogo de xadrez. São eles próprios empresários."[1]

— Richard Branson

---

[1] MITCHELL, Alan. *Leadership by Richard Branson*. Amrop International, 1995.

Não lidere cordeiros, pastoreie gatos — é esse o estilo de liderança de Richard Branson. Em vez de esperar que as pessoas o sigam cegamente, ele se vale da capacidade de tirar o melhor dos indivíduos, criando um ambiente desafiador. Tal como comandar gatos, esse estilo de gestão é muito mais difícil, mas muito mais divertido.

De muitas maneiras o chefe da Virgin é o líder arquetípico do futuro. Raramente coage; prefere inspirar. Possui o mais precioso de todos os ativos: a credibilidade. Pode-se dizer que tira o melhor das pessoas ao seu redor não por meio de ameaças, mas por pura adulação. Branson é apenas um empresário com algum talento, levado pelo próprio entusiasmo e por uma boa dose de sorte. Pouco provável. Na verdade, é por não "representar" o grande líder, como um ator, mas trabalhar muito para sê-lo, que ele desempenha de modo tão eficaz o papel. O que Branson entende melhor que a maioria é que liderança é uma arte — mas uma arte mais associada ao maestro que ao solista.

De todos os atributos humanos, talvez liderança seja o mais difícil de definir. Em termos de estilo de liderança, há muito que falar sobre oportunidade. Como dizem, a hora faz o homem. Independentemente do que se possa dizer a respeito dos líderes do século XXI, parece claro que eles serão mais parecidos com Branson que com Lord Hanson*. Os dias do destruidor de ativos estão contados. A capacidade de administrar novas empresas e de formar impérios é muito mais valorizada que a de vender a prata da família.

Mas nem todo o estilo do mundo é capaz de compensar a falta de substância. Talvez seja essa a razão pela qual líderes empresariais despreparados preferem se esconder por trás de títulos e símbolos de *status*, valendo-se do poder hierárquico para apoiar sua autoridade. Empresários de sucesso, por sua vez, sempre tenderam a ser figuras de reverência; inspiram medo e admiração em igual medida. Hoje os dois estilos impressionam menos. A visão moderna é que liderança se vale da disposição de seguir das pessoas. Quando Richard Branson, na década de 1960, iniciou nos negócios, havia poucas indicações de que comando e controle estavam desmoronando, não certamente no mundo corporativo. Ao abandonar o poder hierárquico em favor de uma liderança por inspiração, Branson estava 25 anos à frente de seu tempo.

> O que Branson entende melhor que a maioria é que liderança é uma arte — mas uma arte mais associada ao maestro que ao solista.

---

* Lord Hanson, um dos homens de negócios mais bem-sucedidos da Inglaterra dos anos 1950. (N.T.)

Liderança da retaguarda

Uma das características do estilo de liderança de Branson é saber quando sair do caminho e deixar as pessoas livres para trabalhar. A forma de estruturação da Virgin significa que, na realidade, ele não tem escolha. Com mais de duzentas companhias na família Virgin — é difícil saber o número exato — é simplesmente inviável pensar que Branson possa chefiar todas elas com as mãos na massa. Seja por sorte ou por planejamento, Branson é forçado a ser o líder no banco de trás. (A única companhia da qual ele não consegue se desligar é a Virgin Atlantic.)

Todavia, esse estilo "desligado" de liderança é muito benéfico. Os gerentes do grupo desfrutam a oportunidade de comandar o próprio negócio, o que lhes parece altamente motivador. Ao contrário da maioria das companhias, eles não perdem tempo em reuniões desnecessárias e com relatórios vazios para dar aos níveis superiores algo que fazer.

Então, se o líder do banco de trás da Virgin não se encarrega da administração do dia a dia, o que ele faz? É difícil descrever exatamente. Pode-se dizer que dá entusiasmo a outras pessoas, contribuindo assim para a agitação que emana de todas as partes do grupo.

Além disso, Branson também é o símbolo da marca Virgin. Ele dá todo o apoio às novas empresas, e a publicidade que gera promove todas as companhias do grupo. Atualmente Branson se obriga a racionar as aparições pessoais a um ou dois eventos de mídia por ano.

Mas isso não resume o modelo de liderança de Branson. Ele representa, ainda, o que faz as pessoas se sentirem bem trabalhando na companhia, um conjunto de valores importantes para os empregados da Virgin. É difícil definir exatamente quais são esses valores, mas eles têm a ver com a gestão de uma empresa que visa a outros fins que não apenas o lucro.

Conversor catalítico

Outro aspecto vital do papel de Branson como o "líder" da Virgin é o planejamento do futuro. Contudo, diferentemente de outros visionários — como Bill Gates, da Microsoft, e Andy Grove, da Intel —, ele não usa bola de cristal nem cria estratégias. Ao contrário, é um garimpeiro examinando uma multidão de ideias que a Virgin atrai em busca de pepitas do mais puro ouro.

Branson está sempre à procura de novos negócios. Ele e seus dois assessores especialistas examinam perto de cinquenta propostas por semana. A maioria é rejeitada de imediato, mas, se existe uma esperança de oportunidade para uma nova companhia Virgin, esta é examinada até a exaustão.

Uma coisa é reconhecer o potencial de um negócio e outra muito diferente é torná-lo realidade. Este é um dos segredos de Branson: a capacidade de fazer as coisas acontecerem. Ele é o catalisador que dispara uma reação em cadeia que transforma a energia potencial existente em um projeto ou ideia na energia cinética que despacha pessoas em muitas direções.

Quando o consultor de empresas Don Cruickshank assumiu como diretor administrativo para preparar o fechamento de capital da Virgin, percebeu rapidamente que não havia sentido em tentar ajustar Branson a uma estrutura organizacional convencional — seria a certeza de derrota. Em vez disso, ele concluiu com sensatez que a companhia teria de se estruturar em torno da energia de seu presidente.

Ao reconhecer o talento para entusiasmar outras pessoas, Cruickshank, ex-consultor da McKinsey, incentivou Branson a "continuar a sonhar novas ideias, a examinar a teia estonteante de novas empresas e a fundar mais companhias nos dois anos seguintes do que a maioria dos empresários funda em toda uma carreira".[2]

Branson não deveria tentar mudar sua natureza, avisou Cruickshank. Ao contrário, deveria continuar sendo aquilo em que realmente é bom: motivar os outros e passar a própria confiança e crença de que todo projeto novo seria um sucesso. Em resumo, Branson deveria dedicar toda a sua energia a agir como um catalisador. Só seria necessário um corpo de pessoas para acertar as coisas e ajudá-lo a esclarecer o que queria conquistar.

Um dos grandes talentos de Branson é excitar as pessoas diante de uma nova ideia e depois deixá-las agir. Seu próprio entusiasmo é contagiante, concentrando a excitação em um objetivo ou destino que lhe permita recuar e deixar os outros tomarem conta. De alguma forma, Branson também incentiva pessoas para conquistas que elas teriam considerado impossíveis.

---

2   JACKSON, Tim. *Richard Branson Virgin King: nos bastidores do império dos negócios de Branson*. 2. ed. São Paulo: Negócio Editora, 1997.

Caçador de talentos

No fundo, Richard Branson não tem nenhuma habilidade nem treinamento empresarial claramente definidos. Ele não é um homem de números — foi reprovado três vezes no exame de Matemática da escola primária. Também não é um menino prodígio de TI — nunca entendeu de computadores nem de programas de edição de texto, preferindo o caderno de notas ou as costas da mão. Tem jeito para publicidade e marketing, mas entende pouco da teoria; prefere sempre fazer as coisas à sua maneira. Então, o que Branson tem a oferecer para a festa? (Além da própria festa.)

> **Branson sobre o pessoal da Virgin:**
> "Os empregados da Virgin não são apenas empregados. Não são peões gerenciais de um gigantesco jogo de xadrez. São eles próprios empresários".

"O que faço melhor é encontrar pessoas e fazê-las trabalhar. Os empregados da Virgin não são apenas empregados. Não são peões gerenciais de um gigantesco jogo de xadrez. São eles próprios empresários."[3]

Parece que Branson é bom em se cercar de pessoas muito talentosas e em criar o ambiente certo para que floresçam — o que não é pouca coisa.

Ao longo dos anos, a reputação de Branson provou ser um dos meios mais eficazes de recrutamento de pessoal. Na verdade, os gerentes mais capazes da Virgin, na maioria, procuraram Branson atraídos pelo que tinham visto so-

---

[3] MITCHELL, Alan. *Leadership by Richard Branson*. cit.

bre a forma como ele dirige suas empresas. Uma de suas grandes contribuições para os negócios é agir como um ímã para essas pessoas, reconhecê-las e recompensá-las quando aparecem. Branson é um caçador de talentos.

O mesmo princípio se aplica às oportunidades de negócio. Hoje, Branson passa grande parte do tempo revendo as muitas propostas de negócio apresentadas à Virgin por outras companhias. Boas perspectivas são as que envolvem mercados institucionalizados, ajustam-se à marca Virgin (genuínas e divertidas; contemporâneas e diferentes; defensoras dos consumidores; e primeira classe a preço de classe executiva), reagem bem à receita da empresa, oferecem uma relação risco-lucro atraente e são apresentadas por uma equipe administrativa capaz.

Observou-se[4] que, nos casos em que as empresas Virgin não tiveram sucesso, o próprio Branson teve a ideia e saiu à procura de gerentes para operá-las. As melhores propostas vieram de gerentes que pretendiam gerir o negócio eles mesmos. Branson percebe melhor um talento que chegue até ele do que quando tem de sair e descobrir um.

O mestre da confusão

Outro grande papel de liderança de Branson é presidir e incentivar o ambiente criativo que dá à Virgin sua característica especial. Um visitante descreveu assim as instala-

---

[4] CAMPBELL, Andrew; e SADTLER, David. "Corporate break-ups". *Strategy & Business,* terceiro trimestre, 1998.

ções do grupo: "Uma casa de loucos. Pessoas correndo por todo o lugar".

Outro descreveu a cena em Albion Street, sede da primeira empresa de Branson, em 1969: "Telefones tocavam; mulheres bonitas iam e vinham. No outro lado da sala, um jovem de cabelos castanhos desarranjados e um sorriso encantador falava ao telefone com expressão muito séria".

Um terceiro descreveu da seguinte maneira a sede da Virgin, em Holland Park: "Pratos sujos empilhados na cozinha acima da sala de Richard Branson. Uma fotocopiadora no patamar da escada. Por toda a casa onde ele supervisiona suas duzentas companhias há portas escancaradas, canecas esquecidas nas mesas, pessoas que entram e saem [...] nada que lembre a sede de uma companhia moderna".[5]

E no centro do caos está sempre Richard Branson: geralmente operando o telefone, encantando, incitando, adulando, gritando ou, de alguma outra forma, tentando conseguir que alguém faça algo em benefício da Virgin.

Tal como o diretor de um filme dos Irmãos Marx, Branson é o mestre do caos a orquestrar toda aquela confusão. Na própria opinião, ele o faz de modo notavelmente contido, deixando aos gerentes das companhias Virgin a tomada de decisões e raramente interferindo em questões operacionais.

"Os chefes de cada uma das companhias têm total autoridade para tomar decisões. Se eu disser alguma coisa, eles me mandam cair fora."

---

[5] "Has he won the lottery?" *The Independent,* 17 dez. 1995.

Mas há outra opinião. A razão pela qual a Virgin nunca funcionou como companhia aberta, dizem seus críticos, é porque Branson é um controlador impenitente que detesta ter de se responsabilizar perante quem quer que seja. É também um intrometido inveterado, que solapa a autoridade de seus gerentes interferindo nas decisões que supostamente delegou.

Contrariamente às alegações do próprio Branson, diz um ex-empregado insatisfeito, a alta administração da Virgin "se senta lá como um bando de vacas de presépio, balançando a cabeça igual a Branson. Ninguém de sua administração tem coragem de ir ao banheiro sem antes pedir permissão a ele".

Essas e outras acusações foram lançadas contra Branson, mas é difícil ver como um pandemônio assim poderia ser comandado por um homem tão vaidoso. A maioria dos ditadores depende de regras para manter as pessoas na linha. O império de Branson se parece mais com o caos.

A bordo!

Branson já foi chamado de visionário, sábio, até mesmo de guru. Um comentarista observou: "O 'capitalista *hippie*' tornou-se um visionário empresarial cujo estilo e filosofia oferecem algumas lições potencialmente cruciais para o capitalismo nas dores da mudança.[6]

---

6   MITCHELL, Alan. *Leadership by Richard Branson*. cit.

"Filho dos anos 1960, ele forjou uma síntese única dos valores da revolução da juventude e das necessidades de uma empresa moderna [...] de alguma forma seus valores e estilo acalmam nossas dúvidas inquietantes sobre a moralidade dos meios e fins do capitalismo moderno".

Talvez seja um utopista no sentido romântico da palavra, mas Branson não é um engenheiro social. Não tem desenhos. Mesmo que pensasse saber a resposta, Branson não se arriscaria a alienar pessoas da marca Virgin tentando explicá-la.

> "O 'capitalista *hippie*' tornou-se um visionário empresarial cujo estilo e filosofia oferecem algumas lições potencialmente cruciais para o capitalismo nas dores da mudança."

Apesar de ter um terrível senso de humor, é politicamente correto demais para ofender qualquer grupo social. Quando diante de perguntas sobre tópicos controversos, sua resposta típica é oferecer respostas de múltipla escolha, indicando a existência de muitas dimensões do problema, ou sugerir que talvez "não haja resposta certa ou errada".

Na verdade, a "coisa da visão" não é de Branson. Ele realmente demonstra toda a sua capacidade ao manter o olho bom colado ao telescópio e examinar com frequência o horizonte em busca de navios carregados de tesouros prontos para serem abordados. O outro olho é usado para manter uma vigília cuidadosa sobre o aqui e agora e para garantir que ele saiba o que se passa no seu mercado — os fiéis da Virgin.

Uma das lições de Branson a serem aprendidas não é se prender a ideias e projetos grandiosos, mas saber se mover com os tempos. Sua grande habilidade é a capacidade de manter contato com os clientes e empregados da Virgin e usar esse conhecimento para descobrir novas oportunidades de negócio prontas para aplicação da fórmula Virgin. Quanto à sua filosofia e ideias para um mundo melhor, é difícil separá-las de seu conhecimento instintivo do que motiva e inspira as pessoas. Em outras palavras, não peça respostas a Richard Branson — siga o instinto dele.

Não lidere cordeiros, pastoreie gatos

Em vez de esperar que as pessoas o sigam cegamente, Branson se vale da capacidade de tirar o melhor dos indivíduos, criando um ambiente desafiador. Tal como comandar gatos, esse estilo de gestão é muito mais difícil, mas muito mais divertido. As lições para os líderes são:

- Dirija sentado no banco de trás. Uma das características do estilo de liderança de Branson é saber quando sair do caminho e deixar as pessoas livres para trabalhar.

- Aja como um catalisador. Branson é o catalisador que transforma a energia potencial existente em um projeto ou ideia na energia cinética que despacha pessoas em muitas direções.

- Cerque-se de pessoas talentosas. O que Branson faz melhor é se cercar de pessoas muito talentosas e criar o ambiente certo para que floresçam, o que não é pouca coisa.

- Incentive o caos. Branson é o mestre da confusão orquestrando o caos.

- Procure constantemente novas oportunidades no horizonte. A grande habilidade de Branson é a capacidade de manter contato com os clientes e empregados da Virgin e usar esse conhecimento para descobrir novas oportunidades de negócio prontas para aplicação da fórmula Virgin.

OITO

MAIS RÁPIDO QUE UMA BALA

"Ele diz apenas sim ou não. Não gasta tempo
valioso discursando na tentativa de convencer um
punhado de gerentes de nível médio de que se
trata de uma boa ideia."

— Rowan Gormley, CEO da Virgin Direct

Se existe uma área em que o desprezo de Richard Branson pelos "ternos" do mundo corporativo é totalmente justificado, é na velocidade de reação. Os gurus da administração ficam ansiosos perante a noção de que uma grande corporação é capaz de se mover rapidamente. Na maioria das multinacionais, burocracia em cima de burocracia criou um ambiente em que livros como *Ensinando o elefante a dançar** e *Quando os gigantes aprendem a dançar*** são campeões de vendas.

Nem mesmo o *downsizing* de anos recentes chegou ao problema real. No centro da maior parte das companhias existe uma espessa camada de alta administração ineficiente, incapaz de tomar uma decisão, mesmo que sua vida dependesse dela. Ainda assim, durante três décadas, Branson

---

* BELASCO, James. *Ensinando o elefante a dançar*. Rio de Janeiro: Editora Campus, 2005. (N.T.)

** KANTER, Rosabeth Moss. *Quando os gigantes aprendem a dançar*. Rio de Janeiro: Editora Campus, 1997. (N.T.)

vem mostrando aos rivais de peso o significado de agilidade. Inúmeras vezes, a Virgin demonstrou como explorar uma janela de oportunidade.

Para isso, Branson se vale tanto do instinto quanto da análise. Criou cadeias de decisão excepcionalmente curtas. Os estágios normais de comitê são quase de todo ausentes.

Turbo Branson

Tal como o Super-Homem, Branson é mais rápido que uma bala quando uma oportunidade se apresenta. Há lições valiosas para o futuro empreendedor. Um supercompressor faz maravilhas. A velocidade com que Branson se move, por exemplo, é, em geral, de tirar o fôlego.

A Virgin Atlantic estava literalmente em voo apenas cinco meses após Branson ter discutido pela primeira vez a ideia. A Virgin Trading, companhia de bens de consumo, foi criada poucos dias depois da fundação da Virgin Cola.

A Virgin Direct, braço de serviços financeiros, estava operando em cinco meses. "A maioria das pessoas teria levado pelo menos dois anos", diz Rowan Gormley, fundador e CEO, hoje o executivo principal da Virgin Wines. "Branson tem instintos fantásticos de marketing e acredita neles. Diz apenas sim ou não. Não gasta tempo valioso discutindo na tentativa de convencer um punhado de gerentes de nível médio de que se trata de uma boa ideia."

Mesmo quando trabalha na ilha Necker, Richard Branson é um furacão de atividade. Um repórter da revista *Fortune* que o entrevistou contou que ele já está de pé às 5h30, e, às 7 h, está trabalhando — tendo jogado vários *sets* de tênis com parceiros um pouco menos entusiásticos.[1]

"Ele parece trabalhar 35 horas por dia", diz um empregado de longa data da Virgin — e espera que sua equipe faça o mesmo, geralmente impondo exigências impossíveis sobre seu tempo e sua paciência.

Em várias ocasiões, Branson usou a velocidade para flanquear concorrentes. Em um desses casos, por exemplo, visitou a Ariola, braço francês da gravadora alemã que também cuidava da distribuição de outras companhias, incluindo a Virgin naquela época. Um executivo da Ariola deixou escapar que a companhia pretendia contratar um cantor talentoso chamado Julien Clerc. Branson foi ao banheiro e escreveu o nome do artista na palma da mão. Tão logo se apresentou a oportunidade, ele chamou um dos diretores da operação francesa da Virgin e lhe perguntou sobre o cantor. Clerc era muito popular. Branson então procurou o empresário do cantor e o contratou para a Virgin.[2]

Salte antes de olhar

Branson não acredita muito em pesquisas de mercado, preferindo confiar no próprio conhecimento instintivo daquilo que os consumidores desejam, em geral baseado nas conversas com eles. Quando a Virgin se utiliza de pesquisa

---

[1] MORRIS, Betsy. "Richard Branson: what a life". *Fortune*, 22 set. 2003.
[2] Revista *Inc.*, nov. 1987.

de mercado, esta é feita por iniciativa de sócios das empresas, seja antes de fazer uma proposta de negócio, seja para refinar o produto oferecido após a associação com a Virgin. Uma das grandes vantagens de ter uma marca poderosa é que os parceiros se encarregam da operação.

Uma vez que a ideia tenha sido aprovada por Branson, os detalhes finais são definidos por outros. A disposição de Branson para saltar antes de olhar tem vantagens importantes, entre elas a de que a Virgin normalmente é capaz de lançar novos produtos — até mesmo companhias inteiras — no mercado de forma muito mais rápida que seus rivais de peso. Dada a velocidade de mudança do ambiente corporativo hoje em dia, essa velocidade pode fazer toda a diferença entre aproveitar uma janela de oportunidade ou perdê-la. No final do dia, desde que a reputação da Virgin não seja comprometida de nenhum modo, uma empresa que não dá lucros pode ser fechada.

Essa pode até parecer uma atitude arrogante em relação à marca Virgin. Mas há inúmeras salvaguardas embutidas no processo que permitem a Branson ser comercialmente promíscuo. Já se disse que ele é fanático por controle quando se trata de empresas em sociedade. A única parceria com outras companhias na qual ele se sente plenamente à vontade é aquela em que detém o controle. Quando o nome Virgin é usado no produto de outra companhia, Branson reserva para si o papel de guardião da marca.

> Uma das grandes vantagens de ter uma marca poderosa é que os parceiros se encarregam da operação.

"Tomamos todo o cuidado para não nos associarmos a produtos dos quais não possamos ter orgulho", diz ele.

"E temos o direito de retirar o nome no prazo de uma semana se não estivermos satisfeitos com os objetivos da outra companhia."

Ao mesmo tempo, na maioria das parcerias, a Virgin tenta negociar uma "supermaioria", em que detém um controle muito acima de sua participação no investimento.

Diz um especialista em investimentos: "Branson adotou um caminho inteligente para uma companhia fechada, expandindo-a por meio de sociedades em que os sócios de fora colocam tanto dinheiro quanto possível em vez de se envolver com as garantias exigidas pelos bancos".

O momento decisivo

A noção do tempo é da maior relevância para o sucesso de Branson, mestre do momento decisivo. Esse é o momento mais importante em que uma oportunidade se apresenta. Poderia ser o ponto em que o poder se desloca de um lado para o outro em uma negociação; ou poderia ser quando o rival comete o erro fatal. Pode durar meses, ou apenas alguns segundos, mas Branson é brilhante em reconhecer esse momento e explorá-lo.

No caso da British Airways e da questão dos truques sujos, o momento decisivo surgiu quando a máquina de mídia da empresa sugeriu que a motivação de Branson para apresentar as alegações contra a British Airways "era criar publicidade para sua companhia aérea". Esse erro deu aos advogados de Branson o necessário para um processo por calúnia contra a companhia e seu presidente, Lord

King. Até aquele ponto, a Virgin pouco pôde fazer para se proteger, além de atrair a atenção da mídia para o que estava ocorrendo. Entretanto, na realidade, as alegações eram complexas demais para o público entender. Contudo, uma vez que se chegou ao momento decisivo, a maré virou.

Branson também usou sua habilidade com grande efeito durante negociações conduzidas ao longo de toda a sua carreira, aproveitando oportunidades para renegociar termos mais favoráveis ou impor uma nova vantagem.

A noção da hora também é totalmente crítica para muitas atividades de RP. Tal como em outras áreas de sua vida empresarial, Branson é um oportunista brilhante quando se trata da mídia. Quando se atrapalhou com a própria sofisticação de ser uma empresa aérea global e decidiu retirar a bandeira britânica de sua marca, a British Airways ofereceu de bandeja à Virgin uma história para os jornais. Mal havia secado a tinta nos aviões da British Airways, Branson, o patriota, ordenava que a bandeira britânica fosse incluída no logotipo da Virgin, dizendo aos jornalistas que, se a British Airways não queria mais voar a bandeira, a Virgin teria orgulho em fazê-lo.

Com uma pequena ajuda dos meus amigos

Algo em que Branson é especialmente bom é em persuadir os amigos a se envolver em seus projetos. Podem ser os funcionários ou as organizações parceiras da Virgin. O entusiasmo de Branson é contagiante. Em anos recentes, a credibilidade da marca Virgin significou que ela havia se tornado um ímã para propostas de negócio de outras organizações.

A Virgin Cola, por exemplo, resultou do desenvolvimento de uma fórmula especial de cola por uma companhia chamada Cotts Europe, que fornece cola sob marcas próprias a muitos supermercados. Quando a Virgin entrou no negócio de computadores, foi em parceria com a ICL. Quando entrou no mercado norte-americano de varejo, foi com a Blockbuster. A experiência de retaguarda para a Virgin Direct, a operação de serviços financeiros de Branson, veio primeiro da Norwich Union, importante seguradora do Reino Unido, e depois do Australian Mutual Provincial (AMP).

Tudo isso explica, em parte, a velocidade com que são fundadas as companhias Virgin. A enorme vantagem de um parceiro que já é especialista no negócio é que as curvas de aprendizagem são menos íngremes, e o acesso ao conhecimento dos especialistas, imediato. Uma vez que o produto ou serviço tenha sido decidido — no início, geralmente uma única oferta —, o principal foco do esforço vai para passar a mensagem aos clientes certos, acrescentando aquele jeito atrevido da Virgin.

O apelo da marca Virgin também é tão grande que, em anos recentes, Branson tem assumido riscos com o dinheiro de terceiros além — às vezes, em lugar — do seu próprio. Mas, como ilustra uma história de sua infância, ele sempre entendeu os benefícios de usar os ativos dos outros para financiar suas aventuras.

"Richard Branson tem a concentração de um mosquito."

A amizade entre Branson e seu amigo dos tempos de escola e sócio de longa data Nik Powell obedeceu a um padrão recorrente. Certa ocasião, ambos decidiram "batizar" a bicicleta nova de Nik descendo os dois, um de cada vez, uma ladeira íngreme que chegava até a margem do rio. O objetivo do jogo era ver quem chegava mais próximo do rio sem cair na água. Nik parou derrapando a poucos metros da margem. Então foi a vez de Branson. Com um grito de alegria ele desceu a ladeira e caiu direto no rio. Nik teve de pescá-lo com um pedaço de pau. Mas a bicicleta nunca mais foi vista, e os pais de Branson tiveram de pagar o custo de outra nova.[3]

> **Branson sobre riscos: "Deve-se ir em frente e aprender com os erros".**

A amostra de um da Virgin

Branson fica todo excitado com novas ideias e as converte em oportunidades de negócio com velocidade estonteante. O problema para os empregados da Virgin é que seu ilustre líder passa constantemente de um *hobby* para outro.

"Richard Branson tem a concentração de um mosquito", diz um funcionário da Virgin. Referindo-se à crença de Branson ser capaz de descobrir um negócio vitorioso sem pesquisas de mercado, membros da equipe mencionam. *A Amostra de Um da Virgin* (Virgin's Sample of One, VSO — sigla do último esquema delirante de Branson, provavelmente condenado ao fracasso).

---

[3] BROWN, Mick. *Richard Branson: the authorized biography.* 4. ed. Londres: Headline, 1998.

Inevitavelmente, alguns dos esquemas de Branson acabaram fracassando de forma espetacular. A Vanson, por exemplo, empresa de bens imobiliários fundada em 1983, custou a ele 12 milhões de libras por causa de investimentos mal orientados. A *Event*, uma revista fundada em 1981, foi completamente ignorada.

Mas Branson não sente esses golpes. Para ele, fazem parte do ser empresário. Uma visão do mundo de Branson diz que "quem nunca fez nada errado nunca fez nada".

De acordo com um executivo de propaganda que o conhece bem, Branson já matou mais de cem companhias. Sua atitude é: saia e teste alguma coisa. Só se aprende testando. Branson expressa a si mesmo de forma mais positiva: "Deve-se ir em frente e aprender com os erros. Gosto do que faço porque todo dia aprendo uma coisa nova".

Mais rápido que uma bala

Se existe uma área em que o desprezo de Richard Branson pelos "ternos" do mundo corporativo é totalmente justificado, é na velocidade de reação. Os gurus da administração ficam ansiosos perante a noção de que uma grande corporação é capaz de se mover rapidamente. Branson criou cadeias de decisão excepcionalmente curtas. Os estágios normais de comitê são quase de todo ausentes. As lições são:

- Evite a paralisia da análise. A velocidade com que Branson se move é, em geral, de tirar o fôlego.

- Salte antes de olhar. Branson não acredita muito em pesquisas de mercado, preferindo confiar no próprio conhecimento instintivo daquilo que os consumidores desejam, em geral baseado nas conversas com eles.

- Torne mais ágil o processo de decisão. A noção do tempo é da maior relevância para o sucesso de Branson, mestre do momento decisivo. Esse é o momento mais importante em que uma oportunidade se apresenta.

- Busque ajuda. Algo em que Branson é especialmente bom é em persuadir os amigos a se envolver em seus projetos. Podem ser os funcionários ou as organizações parceiras da Virgin. O entusiasmo de Branson é contagiante.

- Não tenha medo de cometer erros — é a única maneira de aprender. Branson fica todo excitado com novas ideias e as converte em oportunidades de negócio com velocidade estonteante. O problema para os empregados da Virgin é que seu ilustre líder passa constantemente de um *hobby* para outro.

NOVE

TAMANHO É IMPORTANTE

"Toda vez que uma empresa se torna grande demais, fundamos uma nova. Manter as coisas pequenas significa manter as coisas pessoais."

— Richard Branson

Enquanto boa parte do mundo corporativo parece obcecada pelo tamanho do órgão (organização) do concorrente, Branson mantém tudo pequeno. O grupo Virgin é eficaz porque maximiza o espírito empreendedor da equipe, minimizando a burocracia de seus sistemas. A Virgin não é uma companhia hierárquica tradicional. Ao contrário, é um cacho de empresas frouxamente associadas, cada qual com sua sede e as próprias equipes dirigentes.

Branson explica: "Toda vez que uma empresa se torna grande demais, fundamos uma nova. Manter as coisas pequenas significa manter as coisas pessoais; mantê-las pessoais significa manter as pessoas que realmente importam".

Se você tentasse criar uma estrutura corporativa que permitisse ter o maior número de empregados em contato direto com o mercado, o resultado seria muito semelhante ao modelo da Virgin. Mais uma vez, Branson fez instintivamente o que professores das escolas de negócios vêm tentando inventar há anos.[1]

Desde a semente

Branson é um construtor, não um comprador, algo que o destaca como um tipo especial de líder empresarial. Onde outros magnatas criaram impérios pela compra de impérios menores, Branson construiu o seu.[2] "Não investimos em terras nem nos expandimos pela compra de outras companhias grandes. Fundar empresas é a minha habilidade."

Em anos recentes, a Virgin também se mostrou muito capaz de criar empresas em sociedade e em outros tipos de parceria, o que permitiu a Branson levar a marca Virgin a mercados complexos — fazendo ofertas diferentes sem ter de criar uma organização a partir do zero. Um bom exemplo é a sociedade 50-50 com a Norwich Union, uma das principais companhias de serviços financeiros do Reino Unido (mais tarde substituída pelo Australian Mutual Provident).[3] A parceria permitiu à Virgin oferecer produtos financeiros, incluindo complexos planos de pensão e pacotes de investimento, sem ter de contratar sozinha toda a *expertise* necessária.

---

[1]   Tom Peters, o guru da administração, ficou encantado com os esforços de companhias como a ABB, empresa sueco-suíça de engenharia, para se desmembrar em unidades empresariais menores.

[2]   Branson teve um ataque da mania da tomada de outras empresas, mas durou pouco. A tentativa de tomada hostil da EMI foi interrompida pela queda do mercado de ações em 1987.

[3]   Mais tarde, o AMP comprou a parte da Norwich Union na empresa.

Tal é a força de atração do nome Virgin que outras companhias se dispõem a trabalhar com a empresa. Há não muito tempo, Branson declarou que a capacidade de criar e gerir sociedades eficientes é uma das competências fundamentais da Virgin.

Grande parte de seu tempo é dedicado à procura de novos negócios potenciais. Um dínamo humano no centro do império Virgin, Richard Branson gera constantemente novos projetos, que criam raízes e crescem ou apenas fenecem no galho. (Já se disse que Branson e sua equipe de desenvolvimento de negócios examinam cinquenta propostas por semana. Há sempre cerca de quatro novos negócios em perspectiva em exame.)[4]

Uma vez que se tenha identificado um negócio promissor, a Virgin é bastante competente em deslanchar rapidamente uma empresa — em geral, em poucos meses. Embora o próprio Branson tenha o bom senso de se cercar de pessoas capazes e de deixar a equipe carregar a bola, seu próprio entusiasmo pela aventura sempre se supera. Pela simples força promocional, não há nada como os eventos de RP de Branson para lançar um novo negócio da Virgin.

O próprio Branson admite que seu grande prazer e principal ocupação é fundar novas empresas. "Mergulho nas empresas durante três meses e depois recuo. Então tenho de lhes dizer que só me terão à disposição uma ou duas vezes por ano. Essa predisposição a delegar é uma

---

4　CAMPBELL, Andrew; e SADTLER, David. "Corporate break-ups". *Strategy & Business*, terceiro trimestre de 1998.

das competências fundamentais da companhia."[5] (Mais uma competência essencial.)

A única exceção à regra é a Virgin Atlantic Airways, que é a "menina dos olhos" de Branson. Desde a venda do Virgin Music Group para a Thorn EMI em 1992, ela é a joia da coroa.

A vida simples

A busca constante de novos negócios significa que o grupo Virgin é uma rede intricada e em constante evolução de novas empresas. Tal como um jardim muito fértil, esse império complexo e orgânico poderia facilmente se transformar em um matagal, mas a atitude aberta de Branson em relação ao comércio é complementada por seu desdém pela arrogância. Parte importante da filosofia de negócios de Branson é manter tudo simples — um valor que ele personifica.

A vida de Branson é de uma descomplicação notável. Seu estilo é discreto e de baixa tecnologia. Não gosta de computadores e só adquiriu o primeiro telefone celular em 1993. Se existe uma palavra que represente a abordagem de Branson é "simplifique".

"Branson trabalha como se dirigisse uma pequena empresa", observou uma reportagem da revista *Forbes*. " ... Não há fluxogramas nem hierarquias tradicionais. Ele nem

---

[5]   RODGERS, Paul. "The Branson phenomenon". *Enterprise,* mar./ abr. 1997.

> "Branson trabalha como se dirigisse uma pequena empresa."

sabe ligar um ThinkPad* e associa o nome Lotus não ao Notes, mas a um carro muito rápido [...] Um anacronismo no mundo dos magnatas internacionais, Branson guarda seus compromissos em uma agenda e rabisca ideias na palma da mão. Aparentemente funciona."[6]

Richard Branson tem sempre à mão um bloco de papel A4 que compra em uma papelaria. Lá rabisca suas ideias e notas sobre conversas e relaciona as tarefas a cumprir. (Tal é a admiração dos empregados que o pessoal da Virgin o imita rabiscando cadernetas.)

Esse princípio se aplica tanto à sua vida particular quanto à vida empresarial. Até mesmo o gosto por comida e bebida é simples. Uma observação cruel de um conhecido convidado para jantar comparou a comida "às refeições da cantina da escola".

A ilha Necker, parte das Ilhas Virgens inglesas, hoje pertence oficialmente à companhia. Conta com uma cozinha excelente e adega de vinhos, mas estas se destinam mais aos visitantes e executivos da Virgin. O próprio Branson demonstra pouco interesse por essas coisas. Dizem que ele se escandalizou quando executivos da Virgin propuseram gastar dinheiro em uma degustação de vinhos em um restaurante e que Branson tinha uma regra de nunca gastar mais de 15 libras em uma garrafa.

Branson parece curiosamente desligado dos detalhes materiais da vida. Joan, sua mulher, também é conhecida por desprezar afetação.

---

* ThinkPad é uma linha de computadores IBM comercializada pela empresa chinesa Lenovo, após 2005. (N.T.)

[6] "Richard Branson: the interview". *Forbes,* 24 fev. 1998

Apesar da enorme fortuna pessoal, Branson se veste como o dono de posses muito mais modestas. De fato, já se observou sobre seu senso de vestir que ele se veste como se tivesse retirado aleatoriamente as roupas do armário no escuro. Para Branson, nada disso é importante.

O império atomizado

Princípio semelhante se aplica à maneira como Richard Branson organiza seu império empresarial. Para evitar burocracia, tudo na Virgin é dividido em pedaços administráveis. Para maximizar a energia empresarial, e para contrabalançar o risco de prejuízos sem uma parte do império afetar outras partes, cada uma das empresas Virgin é operada como um negócio independente (ainda que na prática o dinheiro gerado por uma empresa seja normalmente usado para financiar outra). Isso se reflete na estrutura do grupo.

Branson rejeita a ortodoxia corporativa ocidental, preferindo um grupamento frouxo de empresas, mais semelhante ao modelo *keiretsu*, ou família de companhias, em japonês: o grupo Virgin é uma coleção de impérios semi-independentes e frouxamente interligados.[7]

"O grupo é definido pelas partes constituintes." Cada uma delas tem sede em um endereço diferente e é incentivada a manter as características de pequena empresa.

---

[7]   MITCHELL, Allan. *Leadership by Richard Branson*. Amrop International, 1995.

> **Branson sobre o império atomizado Virgin:** "Onde vemos uma oportunidade ou lacuna, fundamos uma nova divisão. Toda vez que uma empresa fica grande demais, fundamos outra".

A Virgin tem uma estrutura excepcionalmente descentralizada. A marca Virgin é controlada por acordos de licenciamento com cada uma das empresas. (Branson protege seus interesses garantindo para si quase invariavelmente uma participação de 50% ou mais.) As empresas são geridas como companhias independentes, cada uma pela própria diretoria.

O grupo Virgin é formado por várias divisões ou "cachos" de empresas relacionadas entre si. Por exemplo, um cacho de viagens é formado por duas empresas aéreas, uma empresa de serviços de aviação e uma agência de viagens. Um cacho de entretenimento inclui cinemas, *megastores* de música, um selo de disco e participação em filmes. O cacho de serviços financeiros vende planos de pensão e investimento.

Branson diz: "Onde vemos uma oportunidade ou lacuna, fundamos uma nova divisão. Toda vez que uma empresa fica grande demais, fundamos outra". Isso cria uma atmosfera aconchegante e informal. Aqui, a regra geral é: sempre que uma empresa se torna grande o bastante a ponto de alguém não ser chamado pelo primeiro nome, então, é hora de desmembrá-la. "Em geral, há não mais que sessenta pessoas em cada empresa", conta Branson.

Sede em uma casa fluvial

Muito antes de cair no descrédito dos gurus da administração, Richard Branson já rejeitava a própria ideia de uma grande sede corporativa. Durante vários anos ele administrou o império Virgin de um barco-casa no rio Tâmisa: as reuniões de diretoria aconteciam em torno da mesa da cozinha de Branson ou em um *pub* próximo. Quando o barco afundou, levando a maioria de seus pertences, Branson foi forçado a tomar providências alternativas.

> Em meio ao aparente caos aleatório da organização Virgin, era possível discernir uma filosofia empresarial — quase uma planta empresarial.

Entretanto, nem mesmo ele estava pronto para se mudar para escritórios convencionais. A Virgin valorizou sua sede quando comprou a primeira e depois uma fileira de casas no bairro elegante de Holland Park, em Londres. Empresas diferentes do grupo estão instaladas em casas distintas, o que dá a cada uma um senso de identidade, permitindo às diferentes equipes administrativas operar de forma independente. Durante algum tempo, Branson administrou as empresas de um escritório em uma das casas, que também fazia as vezes de sua residência. Hoje ele tem um escritório próprio em um endereço separado em Holland Park, na mesma rua onde fica sua casa. Um repórter descreveu a sede da Virgin: "A casa é grandiosa (paredes muito lisas, tetos em gesso branco moldado e todo o vasto estuque geralmente adquirido pelos ricos da zona oeste de Londres), mas não lembra em nada uma sede corporativa."[8]

---

[8] "Has he won the lottery?" *The Independent,* 17 dez. 1995.

Mesmo hoje, a ideia de instalar a sede da companhia em um edifício seria anátema para a filosofia de Branson. As várias empresas Virgin ainda operam em casas espalhadas por Holland Park.[9]

Boas ideias são sempre bem-vindas

A síndrome do *Não Inventado Aqui* é o tormento de muitas organizações empresariais, mas a cultura Virgin é aberta a novas ideias — venham de onde vierem. Richard Branson criou a política corporativa de saber ouvir. Também tornou público o fato de a companhia examinar propostas de parceiros em perspectiva. De fato, a Virgin acaba recusando de imediato cerca de 95% delas, preferindo explorar aquelas que têm apoio consequente.

Na organização Virgin, Branson comanda uma pequena equipe (incluindo ele próprio e um especialista em investimento de capital), que se reúne para discutir essas propostas.

Ele sempre incentivou os empregados a apresentar sugestões para melhoria da companhia — e calcula que recebe entre trinta e quarenta cartas por dia do pessoal da Virgin. Tenta responder a todas as cartas. Mas toda a estrutura da companhia foi pensada para incentivar o comportamento empreendedor e criar um senso de participação.

---

[9]   CAMPBELL, Andrew; e SADTLER, David. "Corporate break-ups". cit.

Como observa o biógrafo Mick Brown: "Em meio ao aparente caos aleatório da organização Virgin, era possível discernir uma filosofia empresarial — quase uma planta empresarial. Ao basear cada empresa na própria sede — ainda que pequena e sem *glamour* —, os custos fixos eram reduzidos ao mínimo, mas, ainda mais importante, criava-se uma atmosfera familiar entre a equipe".

Tamanho é importante

O grupo Virgin é eficaz porque maximiza o espírito empreendedor da equipe, minimizando a burocracia de seus sistemas. A Virgin não é uma companhia hierárquica tradicional. Ao contrário, é um cacho de empresas frouxamente associadas, cada qual com sua sede e as próprias equipes dirigentes. A abordagem de Branson da estrutura administrativa tem cinco pontos principais:

- Construa o seu. Branson é um construtor, não um comprador — algo que o destaca como um tipo especial de líder empresarial. Onde outros magnatas criaram impérios pela compra de impérios menores, Branson construiu o seu.

- Simplifique. A vida de Branson é de uma descomplicação notável, o que resume sua abordagem.

- Quebre tudo em moléculas empresariais. Para maximizar a energia empresarial, e para evitar que os prejuízos em uma parte do império afetem outras partes, cada uma das empresas Virgin é operada como um negócio independente.

- Reduza as sedes ao mínimo. Muito antes de cair no descrédito dos gurus da administração, Richard Branson já rejeitava a própria ideia de uma grande sede corporativa.

- Assegure-se de que a soma das partes é maior que o todo. Richard Branson criou a política corporativa de saber ouvir. Também tornou público o fato de a companhia examinar propostas de parceiros em perspectiva.

DEZ

NUNCA PERCA O TOQUE PESSOAL

"Ele tem essa acessibilidade; não é como um astro pop ou outros homens de negócios."

— Mick Brown, biógrafo de Richard Branson

O maior dom de Richard Branson é a acessibilidade. Ele nos faz sentir que é um de nós. De muitas maneiras, essa é a lição mais difícil de todas. Quem quiser seguir os passos de Richard Branson terá de dominar essa habilidade ou todas as lições anteriores resultarão em nada. Mais que simples humildade, a capacidade de Branson de se misturar com pessoas de todas as classes é o que o destaca de praticamente todos os outros executivos. Esse é o verdadeiro segredo da perenidade de seu sucesso — e de sua popularidade.

Quem o conhece diz que Branson sempre vê as coisas do ponto de vista do consumidor. Isso é muito fácil fazer quando se está começando. Mas é notável continuar a fazê-lo depois de 35 anos, quando já se é multimilionário e presidente de um grupo de companhias que vale bilhões de libras. E não se engane: Branson é muito acessível. Como ele consegue?

"Tenho sorte", ele diz (sorte é uma palavra muito usada por ele). "Sou capaz de conversar. Quando vim para Londres, ainda adolescente, era um lugar tão solitário de viver. Hoje as pessoas me abordam nas ruas ou no metrô. Tenho sorte de conhecer todo mundo."[1]

Olá, sou o presidente

Sempre que voa por sua empresa aérea, o que acontece uma vez por semana, Richard Branson usa o tempo para falar com outros passageiros. Já foi dito que ele às vezes se supera, vestindo o uniforme da comissária de bordo e servindo bebidas aos passageiros e à tripulação. Mas em muitas outras ocasiões ele apenas tenta falar com seus clientes para lhes perguntar o que pensam da companhia. É enganosamente forte.

Imagine-se voando com a família na classe econômica, em um voo transatlântico. Algum tempo depois da decolagem, um homem que você reconhece como o presidente da empresa se apresenta e pergunta educadamente se pode se sentar a seu lado. Passa então a fazer alguns truques de mágica para distrair seus filhos antes de pegar um bloco de notas e lápis. "O que o senhor pensa de nossa empresa?", pergunta, anotando todas as suas sugestões. "Existe algo que eu possa fazer para melhorar o serviço?"

Poucos gerentes de empresa — muito menos os presidentes e proprietários — se dão ao trabalho de conversar dessa maneira com os clientes. Ainda assim, todos sabemos que eles, como Branson, devem voar com frequência nos pró-

---

1   GERRARD, Nicci. "Why do we love Richard Branson?". *The Observer*, 8 fev. 1998.

prios aviões. A diferença é que Branson aproveita a oportunidade para ouvir os clientes, ao passo que os outros são importantes demais para se interessar por meros passageiros da classe econômica (a tripulação de uma famosa empresa aérea refere-se à classe econômica como "o chiqueiro").

Quando fundou a Virgin Atlantic, a política de Branson de telefonar pessoalmente a cinquenta passageiros por mês para lhes perguntar a respeito do serviço lhe rendeu simpatia. Ele não só oferecia um serviço melhor e tarifas mais baixas como também incluía um toque pessoal. Como observou alguém: "Isso era um contraste nítido com o monólito monopolista da British Airways — que definitivamente não era a empresa aérea favorita do mundo".[2]

Mesmo que você queira ser cínico em relação a tudo isso e dizer que é apenas para dar boa impressão, é muito difícil não se deixar impressionar quando o presidente de uma companhia importante se dá ao trabalho de perguntar sua opinião sobre a empresa aérea dele.

Portanto, é isso: a diferença entre Richard Branson e 99,9% dos indivíduos que dirigem grandes empresas é que ele trata as pessoas de maneira decente e ouve com atenção o que elas têm a dizer. Infelizmente, é o bastante para colocá-lo acima da maioria da concorrência.

Mick Brown sobre a *persona* de Branson: "Não é deliberado, mas o fato é que sua *persona* oculta suas origens".

---

[2] MITCHELL, Allan. *Leadership by Richard Branson.* Amrop International, 1995.

O homem comum

Branson tem em si um pouco da figura do Homem Comum. Sem que haja razão aparente, as pessoas parecem identificar-se com ele, acreditar que ele é igual a elas. Na Inglaterra, pode-se até mesmo ouvir pessoas dizerem que ele é o "menino pobre que se deu bem", embora suas origens estejam longe da zona leste de Londres. Apesar de ter frequentado boas escolas, do sotaque elegante, das casas espalhadas pelo mundo e da imensa riqueza e poder, por alguma razão as pessoas comuns o aceitam como uma delas. (A princesa Diana tinha facilidade em fazer as pessoas sentirem que ela era uma de nós, e não uma deles.) A questão é que o homem é simpático.

Gente que conhece bem Branson diz que sua mulher, Joan, segura firmemente os pés dele no chão. É essa falta de afetação que permite a Branson exercer a atração popular que transcende as barreiras de classe e as barreiras nacionais.

"Não é deliberado", diz Mick Brown, biógrafo oficial de Branson, "mas o fato é que sua *persona* oculta suas origens. As pessoas o veem como igualitário, *déclassé*, meritocrático; isso, combinado ao sucesso empresarial e à sua imagem de bucaneiro, o torna muito atraente. Ele tem essa acessibilidade; não é como um astro pop ou outros homens de negócios."

Uma pesquisa[3] de maio de 1993, pouco depois do acordo com a British Airways, mostrou que Branson era o mo-

---

[3]   Patrocinada por TSB.

delo que a maioria dos jovens da Inglaterra gostaria de emular. O psicólogo que analisou esse resultado observou: "Branson tem um fator *F*: fama, fortuna e diversão*". A combinação torna as pessoas felizes. Uma década depois ele foi elevado à condição de herói nacional, quase um ícone global. Em outubro de 2006, ficou em terceiro lugar (atrás do ator George Clooney, de Hollywood, e do rapper Jay-Z) em uma enquete com um milhão de homens, em que o site AskMen.com perguntava aos leitores do sexo masculino o nome do homem que mais admiravam.

As pessoas também se veem nele. Suas realizações são, de alguma forma, conquistas delas, e por isso elas o amam. Branson é visto fazendo as coisas que gostaríamos de fazer. Como disse um entrevistador: "É assim que vemos Richard Branson: em momentos especiais. Richard espalhando champanhe, como o estudante que termina os exames finais; Richard se oferecendo para operar a loteria sem lucro, como Robin Hood; Richard derrotando o enorme poder da British Airways e todos os seus truques sujos, um Davi contra Golias; Richard com óculos de piloto, um Biggles dos tempos modernos; Richard cortando uma fita; abraçando uma modelo; abraçando uma princesa; abraçando Scary Spice, uma das Spice Girls. Richard Branson fantasiado de mulher; de coelhinho, de palhaço".[4]

---

*   *Fun*, em inglês. (N. T.)

4   GERRARD, Nicci. "Why do we love Richard Branson?". cit.

Pequenas coisas
são importantes

Um estudante que trabalhava temporariamente para uma companhia que oferecia viagens em balão de ar quente nos Alpes suíços se lembra de ter encontrado Richard Branson, que apareceu na companhia do aviador Per Lindstrand, preparando-se para uma de suas tentativas de circum-navegação do globo em um balão. Ainda era de manhã bem cedo, e a temperatura estava muitos graus abaixo de zero. O estudante, que preparava um balão para o voo, estava congelado até os ossos. Quando os dois pilotos apareceram, no mesmo instante ele reconheceu Branson da televisão e dos jornais.

Sem pensar, o rapaz tirou a luva para apertar a mão do presidente da Virgin, arrependendo-se imediatamente por causa do frio cortante. Branson, ao ver o que ele fizera, tirou a própria luva antes de lhe apertar a mão. Não seria necessário. Como presidente de um império empresarial poderoso, o jovem não representava nada para ele, e com toda certeza Branson nunca mais o veria. Até aquele momento, o jovem não era um fã de Richard Branson. Aos seus olhos, Branson era apenas mais um sujeito rico, que preferia roupas informais a ternos. Mas o rapaz se recorda de que Branson o cumprimentou como um igual.

Não havia câmeras para registrar o momento, o que é revelador de uma forma que nenhuma entrevista com jornalista poderia ser. A história diz muito sobre Branson. Sugere que ele é basicamente um sujeito simpático; que não é pomposo nem se envaidece da própria importância. Também diz algo sobre seu estilo. Branson sabe que as pequenas coisas são importantes. É uma característica de todos os produtos e serviços da Virgin.

O defensor do povo

> Branson sabe que as pequenas coisas são importantes. É uma característica de todos os produtos e serviços da Virgin.

O que Branson tem que outros — homens de negócios, políticos e produtores de TV em particular — nem sonham ter é o dedo no pulso da nação. Ele parece falar para grande parte da população. Ainda que pudesse se dar ao luxo do tratamento "tapete vermelho" do Concorde, Branson sabia que o homem comum estava farto da atitude arrogante das grandes empresas aéreas. E tinha razão — justificadamente, pois a Virgin Atlantic quase o levou à falência. De alguma forma, apesar de ter seus milhões investidos em paraísos fiscais, Branson percebeu corretamente que pessoas com pouco dinheiro guardado estavam cheias da conversa fiada de vendedor e das altas tarifas cobradas pelas companhias de serviços financeiros do Reino Unido. De algum modo, ele sabia que elas estavam prontas para confiar à Virgin seu dinheiro ganho com muito trabalho.

Os cínicos podem responder que Branson tem assessores para lhe dizer essas coisas. Mas como esses assessores saberiam mais sobre o que irrita os consumidores do que as pessoas que auxiliam os executivos de outras companhias? No final, é difícil evitar a conclusão de que Branson tem o próprio barômetro da opinião pública para informar suas decisões.

Naturalmente, ele diz que conversa com as pessoas e ouve suas opiniões e ideias. É o que se espera que ele diga, é claro. Entretanto, não é preciso ser gênio para ver que, se você passa tanto tempo quanto Branson com os clientes, alguma coisa há de passar a você. Quem gosta de criticar Richard Branson, ou de questionar sua sinceridade, poderia considerar: mesmo que fosse tudo uma grande mentira, destinada a melhorar a imagem dele, ainda assim Richard Branson passou mais tempo conversando com os clientes do que qualquer outro presidente de companhia, o que é mais que suficiente para transformá-lo no defensor do povo.

Karma Chameleon

O fenômeno Branson é, provavelmente, único. É um coquetel incomum de culto de personalidade e instintos para os negócios. Também é curiosamente atraente. Talvez o apelo de Branson esteja no fato de ele ser coisas diferentes a pessoas diferentes. Você pode preferir vê-lo como o idealista *hippie* em missão para limpar o mundo dos negócios, como um pirata simpático, um Peter Pan corporativo ou até mesmo um barão assaltante disfarçado — vai depender de seu ponto de vista. O que não se pode negar é que ele deslumbrou o cenário empresarial britânico durante mais de três décadas, de uma forma que nenhum outro empresário antes dele conseguiu ou pode esperar conseguir no futuro.

Talvez o apelo de Branson esteja no fato de ele ser coisas diferentes a pessoas diferentes.

Na verdade, Branson teve a sorte de viver em tempos tão excitantes. Desde a revolução social da década de 1960, passando pelo *boom* dos anos 1980, até a primeira década do século XXI, ele usou sua marca Virgin para oferecer uma alternativa a tudo o que os ternos tentavam nos vender. Ganhou grande fortuna ao fazê-lo. Contudo, nesses dias corruptos, em que burocratas sem rosto dão uns aos outros enormes somas em dinheiro como prêmio pela insipidez corporativa, Branson é valor.

Mas é impossível entender Richard Branson. Nas palavras de Boy George, uma das famosas descobertas da Virgin, ele é o definitivo *Karma Chameleon*.

Nunca perca o toque pessoal

O maior dom de Richard Branson é a acessibilidade. Ele nos faz sentir que é um de nós. Mais que simples humildade, a capacidade de Branson de se misturar com pessoas de todas as classes é o que o destaca de praticamente todos os outros executivos. Esse é o verdadeiro segredo da perenidade de seu sucesso — e de sua popularidade. Aqui estão as lições de Branson:

- Ouça as pessoas — essa é a menos praticada entre as habilidades gerenciais. A diferença entre Richard Branson e 99,9% dos indivíduos que dirigem grandes empresas é que ele trata as pessoas de maneira decente e ouve com atenção o que elas têm a dizer.

- Não deixe o sucesso lhe subir à cabeça — senso de humor é bom, assim como é bom ser frequentemente jogado na piscina pelo seu pessoal. Branson tem em si um pouco da figura do Homem Comum. Sem que haja razão aparente, as pessoas parecem identificar-se com ele, acreditar que ele é igual a elas.

- Use os clientes como consultores — eles sabem melhor o que desejam do que organizações de pesquisa de mercado. Branson sabe que as pequenas coisas são importantes, o que é uma característica dos produtos e serviços da Virgin.

- Trate todos como iguais; é muito mais provável que Branson seja grosseiro com o CEO de uma multinacional que com o funcionário da recepção. O que ele tem que outros — homens de negócios, políticos e produtores de TV em particular — nem sonham ter é o dedo no pulso da nação. Ele parece falar para grande parte da população.

- Seja o que as pessoas esperam que você seja e não as desaponte. Talvez o apelo de Branson esteja no fato de ele ser coisas diferentes a pessoas diferentes. O que não se pode negar é que ele deslumbrou o cenário empresarial britânico durante mais de três décadas, de uma forma que nenhum outro empresário antes dele conseguiu.

COMO CONSTRUIR
UMA MARCA
À MODA BRANSON

Empresário visionário ou culto à personalidade? A marca Virgin de Richard Branson é única. Nenhuma companhia criou coisa semelhante. Só o tempo dirá se Branson inventou um novo projeto para o capitalismo do século XXI ou se é somente mais um vendedor de alto nível. Nirvana ou apenas o que já existe, com um toque diferente? Tudo dependerá de seu ponto de vista.

Para quem deseja seguir os passos dele, aqui estão os segredos de seu sucesso.

1 Provoque alguém maior que você: ataque os concorrentes dominantes do mercado

Richard Branson fez carreira como o Davi atacando o Golias do concorrente. Enquanto alguns empresários veem a dominância dos grandes concorrentes e pensam melhor, Branson se diverte provocando e superando as grandes corporações.

A estratégia de Branson é:

- Faça do negócio uma cruzada.
- Levante a bandeira pirata.
- Represente o papel do cachorro magro.
- Escolha as batalhas.
- Bata onde dói.

2 Aja como um *hippie*, agite como um *hippie*

A afinidade de Branson com o Movimento Flower Power tem menos a ver com o comprometimento com um conjunto coerente de princípios ou crenças políticas e muito mais com estar de acordo com a época — um de seus grandes atributos empresariais. O estilo alternativo de gestão de Branson oferece as seguintes lições a magnatas aspirantes:

- Não acredite que o dinheiro é tudo.
- Vista-se informalmente todos os dias (e não apenas às sextas-feiras).
- Coloque as pessoas em primeiro lugar.
- Obscureça a fronteira entre trabalho e diversão.
- Agite (não imite, inove).

3 Barganhe: tudo é negociável

Uma das habilidades menos conhecidas de Richard Branson é a técnica afiada da negociação. Gente educada, dizem, cede a vez, mas não Branson. Apesar da imagem de bom moço — ou talvez por causa dela —, ele raramente chegou em segundo lugar em qualquer uma das negociações de que participou. Carisma e um encanto afável ocultam um cérebro calculista para os negócios.

As lições da escola Branson de negociação são:

- Gente educada chega primeiro.

- Nunca diga nunca.

- Fale macio, mas tenha um porrete grande.

- Faça sempre uso de boa assessoria.

- Cubra tanto os aspectos positivos quanto os negativos.

4 Faça do trabalho uma diversão

Na opinião de Branson, negócios devem ser divertidos. Criar uma cultura de trabalho excitante é a melhor maneira de motivar e reter bons colaboradores — e de lhes pagar menos.

Ao contrário dos gênios da computação — Bill Gates e Steve Jobs —, Branson nunca inventou produto nenhum de natureza revolucionária. Todos os setores em que teve sucesso são convencionais, com pouco em comum, exceto pelo fato de serem maduros e dominados por grandes empresas. Então o que Richard Branson sabe sobre negócios que outros que trabalham nessas companhias convencionais há anos não conseguiram entender?

A resposta é simples. Branson tem a capacidade de motivar pessoas e forçá-las até o limite. Possui um potencial notável de capacitar pessoas a conquistarem o que não sabiam ser possível conquistar. A técnica de Branson de gestão de pessoas oferece as seguintes lições:

- Vale a pena arriscar.

- Deixe seus empregados à vontade.

- Incentive a informalidade — trate as pessoas pelo primeiro nome.

- Elogie as pessoas em vez de criticá-las.

- Faça do seu negócio uma aventura.

5   Faça o melhor pela sua marca

Uma das perguntas feitas com maior frequência sobre a Virgin é até onde se pode ampliar sua marca. Alguns acreditam que, ao colocar o nome Virgin em uma gama tão grande de produtos e serviços, Branson se arrisca seriamente a diluir a marca. A resposta de Branson a essas críticas é que, desde que a integridade da marca não seja comprometida, ela é infinitamente elástica.

São as seguintes as lições de Branson, mestre das marcas:

- Uma boa marca viaja.

- A elasticidade da marca é infinita.

- Ame, honre e aprecie sua marca.

- Regras existem para serem quebradas.

- Seja atrevido.

Os cinco valores da marca Virgin são:

- Valor por dinheiro.
- Qualidade.
- Diversão e ousadia.
- Inovação.
- Desafio.

6 Sorria para as câmeras

Richard Branson se transformou em um logotipo ambulante e falante. Enquanto o McDonald's tem Ronald McDonald, um palhaço de 1,80 metro e cabelo vermelho, e a Disney tem o Mickey Mouse, a Virgin tem o presidente. Toda vez que sua foto aparece em um jornal ou revista, ele promove a marca Virgin.

É totalmente deliberada e, provavelmente, uma das mais eficazes estratégias promocionais empregadas pela companhia. O risco para a reputação da marca é alto caso a imagem pessoal de Branson seja maculada. Mas até hoje ela tem sido muito bem-sucedida, permitindo a ele construir a marca Virgin com um orçamento de propaganda extremamente baixo.

- Entenda o que a mídia quer e dê a ela.
- Pense em figuras.
- Apresente-se e participe.
- Lembre-se de que filantropia e coleção de selos são duas coisas diferentes.
- Saiba quando se esconder.

7 Não lidere cordeiros, pastoreie gatos

Libere a criatividade e incentive as pessoas a fazerem o que fazem melhor.

- Dirija sentado no banco de trás.
- Aja como um catalisador.
- Cerque-se de pessoas talentosas.
- Incentive o caos.
- Receba bem as boas ideias (não importa de onde venham).

8 Mais rápido que uma bala

Branson se move com rapidez quando uma oportunidade se apresenta.

- Agarre o momento (cuidado com a paralisia da análise).
- Salte antes de olhar (evite a paralisia da análise).
- Simplifique o processo de decisão.
- Use investimentos em sociedade para alavancar competência.
- Cometa muitos erros (é a única maneira de aprender).

9 Tamanho é importante

Se você faz parte da Virgin, então tamanho é importante para você. O grupo Virgin é eficaz porque maximiza o espírito empreendedor da equipe, minimizando a burocracia de seus sistemas. A Virgin não é uma companhia hierárquica tradicional. Ao contrário, é um cacho de empresas frouxamente associadas, cada qual com sua sede e as próprias equipes dirigentes.

Se você tentasse criar uma estrutura corporativa que permitisse ter o maior número de empregados em contato direto com o mercado, o resultado seria muito semelhante ao modelo da Virgin. Mais uma vez, Branson fez instintivamente o que professores das escolas de negócios vêm tentando inventar há anos. A essência da abordagem de Branson da estrutura corporativa tem cinco pontos:

- Cresça sozinho.

- Simplifique.

- Desmembre seu império em moléculas pequenas.

- Reduza ao mínimo as sedes.

- Dê boas-vindas às boas ideias.

10   Nunca perca o toque pessoal

De muitas maneiras, essa é a lição mais difícil de todas. Quem quiser seguir os passos de Richard Branson terá de dominar essa habilidade, ou todas as lições anteriores resultarão em nada. Mais que simples humildade, a capacidade de Branson de se misturar com pessoas de todas as classes é o que o destaca de praticamente todos os outros executivos. Esse é o verdadeiro segredo da perenidade de seu sucesso — e de sua popularidade.

- Ouça as pessoas — a começar por clientes e empregados.

- Não deixe o sucesso subir à cabeça.

- Use os clientes como consultores — eles sabem melhor o que desejam do que organizações de pesquisa de mercado.

- Trate todos como iguais; é muito mais provável que Branson seja grosseiro com o CEO de uma multinacional que com o funcionário da recepção.

- Seja o que os outros esperam que você seja — um camaleão.

PALAVRA FINAL

Neste livro, o autor de *Richard Branson Virgin King: nos bastidores do império dos negócios de Branson*, Tim Jackson, observa que o lema de Branson deveria ser *ars est celare artem* — a arte está em ocultar a arte. Os concorrentes de Branson pagaram caro por subestimá-lo; por reduzir tudo o que ele é à sua *persona* pública. Há muito mais a ser dito sobre o presidente da Virgin do que indicam seus truques promocionais e suas brincadeiras infantis — pergunte a Lord King.

Mas talvez o verdadeiro segredo de Branson esteja no fato de ele ser coisas diferentes a pessoas diferentes. Pode-se pensar nele como o idealista *hippie* com a missão de limpar o mundo dos negócios, como um pirata simpático, como um Peter Pan corporativo ou até mesmo como um barão assaltante disfarçado — vai depender do ponto de vista. O que não se pode negar é que ele deslumbrou o cenário empresarial britânico durante mais de três décadas, de uma forma que nenhum outro empresário antes dele conseguiu ou pode esperar conseguir no futuro.

Branson teve a sorte de viver em tempos muito excitantes. Desde a revolução social da década de 1960, passando pelo *boom* dos anos 1980, até a primeira década do século XXI, ele usou sua marca Virgin para oferecer uma alternativa a tudo o que os ternos tentavam nos vender. Não se pode deixar de pensar que ele teria tornado qualquer época mais interessante.

Mas, no fim, é impossível colocar Richard Branson em uma redoma. Ele não apenas é o *Karma Chameleon* — mudando de cor para se adaptar ao ambiente — como ainda trouxe suas mais variadas cores para o mundo dos consumidores, dos empregados e das grandes empresas. Pelo menos, até agora, Branson forçou os ternos a trabalhar duro pelo seu dinheiro.

ÍNDICE REMISSIVO

Este livro foi impresso pela Sermograf

em papel *offset* 75 g.